어휘력·문장력을 키우는

초등 맞춤법

50일 완주

따라쓰기

기초 편

권귀헌 지음

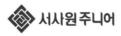 서사원주니어

맞춤법, 왜 중요할까요?

맞춤법은 '말을 글로 표기하는 규칙'입니다. 글로 소통하기 위해 오래전부터 사회적으로 정해 지켜온 약속이죠. 초등학교 입학 전까지는 주로 말을 했다면 초등학교에 입학하면서부터는 글로 배우고 글로 표현하는 일이 많아집니다. 이때 맞춤법을 정확하게 익히지 않으면 글을 올바르게 이해하지도, 내 생각을 제대로 전달하지도 못합니다. 초등학교 저학년 때 맞춤법과 받아쓰기에서 부진했던 경험은 '글쓰기'에 관한 부정적인 감정을 형성해 향후 글로 소통하는 일에 좋지 않은 영향을 미칩니다.

맞춤법, 어떻게 공부해야 할까요?

맞춤법 공부는 말의 소리와 생김새가 다르다는 걸 이해하는 데에서 출발합니다. 우리말에는 [바다]처럼 소리와 생김새가 같은 말도 있지만 [국어](구거), [숟가락](수까락), [좋다](조타)처럼 소리와 생김새가 다른 말도 많습니다. 한편 [내]와 [네], [꽤]와 [꾀], [맞히다]와 [마치다]처럼 소리는 같으면서 뜻이 다른 말도 있습니다. 또 [어떡해](O), [어떻해](×)처럼 어른이 되어도 자주 틀리는 말도 있습니다. 이 모든 게 맞춤법에서 다루는 말들이지만 무조건 외우고 암기할 필요는 없습니다. 글씨 쓰는 연습하듯 단어를 쓰고, 문장 속에서 어떻게 활용되는지 필사하면서 익히는 게 좋습니다.

지난 일을 쓸 때는 받침에 쌍시옷을 쓰는구나

맞춤법, 왜 쓰면서 공부하는 게 좋나요?

맞춤법 공부에서는 먼저 규칙을 이해하고 암기한 다음 글로 쓸 때마다 적용하는 것보다, 우리가 일상에서 쓰는 단어나 책에서 읽은 문장 등을 자주 글로 써 보는 게 효과적입니다. 초등학생이 이해하기에는 맞춤법 규칙이 너무 어렵고 복잡하기 때문입니다. 따라서 [**젓가락 필요해?**](저까락 피료해?), [**학교 다녀올게요!**](하꾜 다녀올께요!)처럼 평소에 사용하는 말을 먼저 글로 계속 써보는 게 좋습니다. 평소에 자주 사용하는 말부터 글로 정확하게 표기할 줄 알면 맞춤법 공부에 재미를 들이기 쉽습니다.

맞춤법으로 글쓰기를 잘하고 싶다면?

초등학생들이 글쓰기다운 글쓰기를 해본 적도 없이 글쓰기를 싫어하게 된다는 건 안타까운 일입니다. 글쓰기를 어렵게 생각할 필요 없습니다. 앞에서 말한 것처럼 일상적인 대화를 글로 옮겨보는 것도 글쓰기입니다. 맞춤법을 떠올리면서 하나씩 연습하다 보면 일상의 말을 글로 옮기는 일이 참 재미있다는 것을 알게 됩니다. 그렇게 시작하면 됩니다. 어떤 주제든지 내 생각과 감정을 문장에 담아 글로 표현하는 것이 글쓰기입니다. 이 책의 필사 부분을 열심히 따라 쓰다 보면 어느새 맞춤법, 받아쓰기, 올바른 글씨쓰기는 물론 글쓰기의 대가가 되어 있을 겁니다.

이 책의 특징과 활용법

이 책에 실린 표제어 1,000개는 초등학교 1~2학년 전 과목 교과서 30권에 실린 어휘 중에서 소리와 생김새가 다른 어휘 1,500여개를 추출한 뒤 난이도와 사용빈도를 고려해 선정했습니다.

필사 부분에 담긴 예문은 초등학생들이 작성한 일기, 기행문, 상상한 이야기 등을 참고하여 저자가 창작한 글입니다. 비유적인 문장을 따라 쓰면서 감수성과 문장력을 키울 수 있도록 일부 어려운 문장을 실었습니다.

매일 2쪽씩 학습합니다. 왼편에서는 단어를 따라 쓰고, 오른편에서는 문장 및 문단 단위의 필사를 통해 학습내용을 익힙니다. 지난 학습내용을 복습할 수 있도록 5일마다 간단한 글놀이를 편성했습니다.

일차별 학습 후 진도를 기록해 스스로 동기 부여를 할 수 있도록 진도표를 수록했습니다. 해당 일차의 맞춤법 내용을 담은 제목을 읽고 자신의 이름을 기록하면서 자부심을 가지게 될 겁니다.

머리말

우리 말 우리 글

2장

받침으로 끝나는 단어+조사

4장

받침에
주의할
단어

5장

생김새가 바뀌는 단어

1장

받침 + "ㅇ" 으로 이뤄진 단어

우리말에는 "ㅇ" 이외의 받침 다음에
"ㅇ"이 뒤따르는 단어가 있습니다.
글자의 생김새와 소리가 다르니
틀리지 않도록 주의해야 합니다.

예 모양 국어
    소리 구거

01 받침+"ㅇ"으로 이뤄진 단어

⭐ 단어를 소리 나는 대로 읽고 바르게 써 봅시다.

모양	국어
소리	구거

국	어	국	어	국	어

모양	문어
소리	무너

문	어	문	어	문	어

모양	한국인
소리	한구긴

한	국	인	한	국	인

⭐ 틀리게 쓴 단어를 찾아 동그라미로 표시하고 바르게 고쳐 써 봅시다.

그묘일 | 금요일 에   노리터 | 놀이터 에서 놀기로 했다.

금	요	일	금	요	일	금	요	일

놀	이	터	놀	이	터	놀	이	터

⭐ 그림에 맞게 쓴 단어를 찾아 연결하고 따라 써 봅시다.

 ● 어린이
● 어리니

 ● 찾아보다
● 차자보다

 ● 기리
● 길이

어	린	이

찾	아	보	다

길	이

⭐ 문장을 소리 내어 읽고 주어진 단어를 따라 써 봅시다.

연어 ➡ 연어[여너]는 바다에서 살다가 강으로 돌아옵니다.

필요 ➡ 지우개 똥을 일부러 만들 필요[피료]는 없어요!

연	어		필	요		연	어		필	요

 아래 문장을 따라 써 보고, 오늘 배운 단어를 사용해 글짓기 연습을 해봅시다.

	어	린	이	들	이		놀	이	터
에	서		놀	고		있	어	요	.
한		아	이	가		방	귀	를	
뀌	고		연	어	처	럼		요	리
조	리		도	망	칩	니	다	.	

15

02 받침+"ㅇ"으로 이뤄진 단어

⭐ 단어를 소리 나는 대로 읽고 바르게 써 봅시다.

모양 높이
소리 노피

→ 높 이 | 높 이 | 높 이

모양 더듬이
소리 더드미

→ 더 듬 이 | 더 듬 이

모양 알아보다
소리 아라보다

→ 알 아 보 다

⭐ 틀리게 쓴 단어를 찾아 동그라미로 표시하고 바르게 고쳐 써 봅시다.

음악 | 으막 시간에 바름 | 발음 이 좋다고 칭찬을 받았다.

음 악 | 음 악 | 음 악 | 음 악

발 음 | 발 음 | 발 음 | 발 음

⭐ 그림에 맞게 쓴 단어를 찾아 연결하고 따라 써 봅시다.

● 걸음
● 거름

● 거부기
● 거북이

● 나드리
● 나들이

걸 음 | 거 북 이 | 나 들 이

⭐ 문장을 소리 내어 읽고 주어진 단어를 따라 써 봅시다.

| 먹이 | ➡ | 나는 아침에 일어나면 물고기에게 먹이[머기]를 준다. |
| 떨어뜨리다 | ➡ | 유리컵을 떨어뜨리지[떠러뜨리지] 않게 조심하자. |

먹	이

떨	어	뜨	리	지

먹	이

✏️ 아래 문장을 따라 써 보고, 오늘 배운 단어를 사용해 글짓기 연습을 해봅시다.

거	북	이	의		걸	음	은
느	리	다	.		나	들	이		나	온
우	리		엄	마	처	럼		나	무
도		보	고		꽃	도		보	면
서		천	천	히		걷	는	다	.

03 받침+"ㅇ"으로 이뤄진 단어

⭐ 단어를 소리 나는 대로 읽고 바르게 써 봅시다.

| 모양 | 악어 |
| 소리 | 아거 |

➡️ 악 어 | 악 어 | 악 어

| 모양 | 얼음 |
| 소리 | 어름 |

➡️ 얼 음 | 얼 음 | 얼 음

| 모양 | 들어오다 |
| 소리 | 드러오다 |

➡️ 들 어 오 다

⭐ 틀리게 쓴 단어를 찾아 동그라미로 표시하고 바르게 고쳐 써 봅시다.

공노리 | 공놀이 를 하고 오니 엄마가 계란말이 | 계란마리 를 해주셨다.

공 놀 이 | 공 놀 이 | 공 놀 이

계 란 말 이 | | 계 란 말 이

⭐ 그림에 맞게 쓴 단어를 찾아 연결하고 따라 써 봅시다.

• 연예인
• 여녜인

• 어너
• 언어

• 도다나다
• 돋아나다

연 예 인 | 언 어 | 돋 아 나 다

⭐ 문장을 소리 내어 읽고 주어진 단어를 따라 써 봅시다.

| 묶음 | ➡ | 종이 한 묶음[무끔]에 천 원입니다. |
| 글쓴이 | ➡ | 글쓴이[글쓰니]가 누구인지 아시나요? |

| 묶 | 음 | | 글 | 쓴 | 이 | | 묶 | 음 | | 글 | 쓴 | 이 |

✏️ 아래 문장을 따라 써 보고, 오늘 배운 단어를 사용해 글짓기 연습을 해봅시다.

	연	에	인	이		무	대	에
올	랐	다	.	얼	음		같	던
분	위	기	는		새	싹	이	돋
아	나	는		봄	처	럼		따	뜻
하	게		바	뀌	었	다	.	

04 받침+"ㅇ"으로 이뤄진 단어

⭐ 단어를 소리 나는 대로 읽고 바르게 써 봅시다.

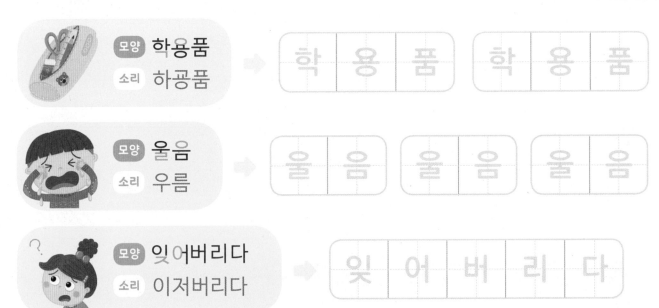

모양 **학용품**
소리 하공품

→ | 학 | 용 | 품 | | 학 | 용 | 품 |

모양 **울음**
소리 우름

→ | 울 | 음 | | 울 | 음 | | 울 | 음 |

모양 **잊어버리다**
소리 이저버리다

→ | 잊 | 어 | 버 | 리 | 다 |

⭐ 틀리게 쓴 단어를 찾아 동그라미로 표시하고 바르게 고쳐 써 봅시다.

수모권 | 수목원 에 가니 나겹 | 낙엽 이 한가득 떨어져 있었다.

| 수 | 목 | 원 | | 수 | 목 | 원 | | 수 | 목 | 원 |

| 낙 | 엽 | | 낙 | 엽 | | 낙 | 엽 | | 낙 | 엽 |

⭐ 그림에 맞게 쓴 단어를 찾아 연결하고 따라 써 봅시다.

• 물음표
• 무름표

• 손잡이
• 손자비

• 뜨더내다
• 뜯어내다

| 물 | 음 | 표 | | 손 | 잡 | 이 | | 뜯 | 어 | 내 | 다 |

⭐ 문장을 소리 내어 읽고 주어진 단어를 따라 써 봅시다.

찾아오다 ➡ 좋은 사람에게는 찾아오는[차자오는] 손님이 많다.

군인 ➡ 군인[구닌]은 땅, 하늘, 바다에서 나라를 지킨다.

| 찾 | 아 | 오 | 는 | | 군 | 인 | 찾 | 아 | 오 | 는 |

✏️ 아래 문장을 따라 써 보고, 오늘 배운 단어를 사용해 글짓기 연습을 해봅시다.

	지	수	가		울	음	을		터
뜨	렸	다	.		아	침	에		늦	게
일	어	나	서		학	용	품	을	
잊	어	버	리	고		안		가	지
고		왔	기		때	문	이	다	.

⭐ 단어를 소리 나는 대로 읽고 바르게 써 봅시다.

 모양 목욕 / 소리 모곡 ➡ 목 욕 목 욕 목 욕

 모양 졸음 / 소리 조름 ➡ 졸 음 졸 음 졸 음

 모양 떨어지다 / 소리 떠러지다 ➡ 떨 어 지 다

⭐ 틀리게 쓴 단어를 찾아 동그라미로 표시하고 바르게 고쳐 써 봅시다.

 검은색 | 거믄색   연필까끼 | 연필깎이 를 못 찾겠다.

검 은 색   검 은 색   검 은 색

연 필 깎 이   연 필 깎 이

⭐ 그림에 맞게 쓴 단어를 찾아 연결하고 따라 써 봅시다.

• 집안일
• 지반일

• 뚜렷이
• 뚜려시

• 도라가다
• 돌아가다

집 안 일   뚜 렷 이   돌 아 가 다

받침 뒤에 "ㅇ"이 오면 받침의 소리는 뒤에서 나요!

월   일   :

★ 문장을 소리 내어 읽고 주어진 단어를 따라 써 봅시다.

| 깊이 | ➡ | 코를 너무 깊이[기피] 파지 마세요. |
| 목요일 | ➡ | 이번 주 목요일[모교일]은 내 생일이다. |

| 깊 | 이 | | 목 | 요 | 일 | | 깊 | 이 | | 목 | 요 | 일 |

✏ 아래 문장을 따라 써 보고, 오늘 배운 단어를 사용해 글짓기 연습을 해봅시다.

	연	필	깎	이	가		떨	어	진
그	날	을		뚜	렷	이		기	억
한	다	.		검	은	색		가	루	가
방	귀	처	럼		온		사	방	으
로		순	식	간	에		퍼	져
졸	음	이		달	아	났	었	다	.

23

복습해봅시다!

⭐ 아래에서 맞는 단어를 찾아 모두 동그라미 치세요.

노피	더드미	걸음	거부기
나들이	물음표	아라보다	음악
발음	머기	떠러뜨리다	손잡이

⭐ 아래의 소리를 올바른 표기로 고쳐 쓰세요.

아거 ➡

어름 ➡

공노리 ➡

드러오다 ➡

⭐ **아래 문장을 읽고 [보기]와 같이 틀린 곳에 밑줄을 긋고 바르게 고쳐 쓰세요.**

> 보기   수정이는 <u>한구긴</u>입니다. (한국인)

저는 구거 공부를 가장 좋아해요.

동해에서는 무너가 많이 잡힙니다.

오랜만에 모교글 했다.

조름운전을 하면 사고가 납니다.

⭐ **보기에서 알맞은 단어를 찾아 빈칸에 쓰세요.**

> 보기   연어   여너   집안일   지반일
>   피료   필요   길이   기리

[   ]는 바다에서 살다가 강으로 돌아옵니다.

지우개 똥을 일부러 만들 [   ]는 없어요!

[   ]은 온 가족이 함께해야 해요.

연필은 쓸수록 [   ]가 줄어듭니다.

06 받침+"ㅇ"으로 이뤄진 단어

⭐ 단어를 소리 나는 대로 읽고 바르게 써 봅시다.

 모양 학원
소리 하권

| 학 | 원 | 학 | 원 | 학 | 원 |

 모양 독일
소리 도길

| 독 | 일 | 독 | 일 | 독 | 일 |

 모양 움직이다
소리 움지기다

| 움 | 직 | 이 | 다 |

⭐ 틀리게 쓴 단어를 찾아 동그라미로 표시하고 바르게 고쳐 써 봅시다.

은정이는 [받아쓰기 | 바다쓰기] 를 할 때  [망서리다가 | 망설이다가] 다 틀렸다.

| 받 | 아 | 쓰 | 기 |

| 받 | 아 | 쓰 | 기 |

| 망 | 설 | 이 | 다 | 가 |

| 망 | 설 | 이 | 다 | 가 |

⭐ 그림에 맞게 쓴 단어를 찾아 연결하고 따라 써 봅시다.

• 속이다
• 소기다

• 맛있다
• 마싰다

• 너머지다
• 넘어지다

| 속 | 이 | 다 |

| 맛 | 있 | 다 |

| 넘 | 어 | 지 | 다 |

받침 뒤에 "ㅇ"이 오면 받침의 소리는 뒤에서 나요!

⭐ 문장을 소리 내어 읽고 주어진 단어를 따라 써 봅시다.

돌잡이 ➡	영수야! 너는 돌잡이[돌자비] 때 뭘 잡았어?
웃음소리 ➡	준호는 웃음소리[우슴쏘리]도 방귀소리도 크다.

돌	잡	이		웃	음	소	리		돌	잡	이

✏️ 아래 문장을 따라 써 보고, 오늘 배운 단어를 사용해 글짓기 연습을 해봅시다.

	웃	음		가	득	한		얼	굴
로		돌	잡	이	를		하	는	
아	기	를		봤	다	.	맛	있	는
음	식		앞	에	서		망	설	이
는		내		모	습		같	았	다 .

07 받침+"ㅇ"으로 이뤄진 단어

⭐ 단어를 소리 나는 대로 읽고 바르게 써 봅시다.

| 모양 | 책꽂이 |
| 소리 | 책꼬지 |

책 꽂 이 | 책 꽂 이

| 모양 | 일요일 |
| 소리 | 이료일 |

일 요 일 | 일 요 일

| 모양 | 먹이다 |
| 소리 | 머기다 |

먹 이 다 | 먹 이 다

⭐ 틀리게 쓴 단어를 찾아 동그라미로 표시하고 바르게 고쳐 써 봅시다.

우리 아빠는 보끔밥 | 볶음밥   만들기   다린 | 달인   이다.

볶 음 밥 | 볶 음 밥 | 달 인 | 달 인

⭐ 그림에 맞게 쓴 단어를 찾아 연결하고 따라 써 봅시다.

- 손톱깎이
- 손톱까끼

- 일어나다
- 이러나다

- 차자가다
- 찾아가다

손 톱 깎 이   일 어 나 다

찾 아 가 다   찾 아 가 다

⭐ 문장을 소리 내어 읽고 주어진 단어를 따라 써 봅시다.

| 원인 | ➡ | 눈이 오면 교통사고가 많이 나는데 원인[워닌]이 뭘까? |
| 억울하다 | ➡ | 정말 억울하다[어굴하다]. 엄마는 늘 동생 편만 든다. |

| 억 | 울 | 하 | 다 | | 원 | 인 | | 억 | 울 | 하 | 다 |

✏️ 아래 문장을 따라 써 보고, 오늘 배운 단어를 사용해 글짓기 연습을 해봅시다.

	일	요	일		오	전	.		나	는
책	꽂	이	에	서		책	을			꺼
내		읽	고		엄	마	는			동
생	에	게		밥	을			먹	이	신
다	.	포	근	한		아	침	이	다	.

⭐ 단어를 소리 나는 대로 읽고 바르게 써 봅시다.

 모양 석유 소리 서규 ➡  석 유 석 유 석 유

 모양 건어물 소리 거너물 ➡  건 어 물 건 어 물

 모양 기울이다 소리 기우리다 ➡  기 울 이 다

⭐ 틀리게 쓴 단어를 찾아 동그라미로 표시하고 바르게 고쳐 써 봅시다.

하라버지 | 할아버지 댁에 갔을 때 재활용품 | 재화룡품 을 정리해 드렸다.

할 아 버 지   재 활 용 품

⭐ 그림에 맞게 쓴 단어를 찾아 연결하고 따라 써 봅시다.

• 녹음기
• 노금기

• 넘어뜨리다
• 너머뜨리다

• 숨주기다
• 숨죽이다

녹 음 기   넘 어 뜨 리 다

숨 죽 이 다   숨 죽 이 다

⭐ 문장을 소리 내어 읽고 주어진 단어를 따라 써 봅시다.

확인하다 ➡	내 키가 얼마나 컸는지 확인하고[화긴하고] 싶다.
들이켜다 ➡	목이 마르니 물을 벌컥벌컥 들이켜고[드리켜고] 싶다.

확	인	하	고

들	이	켜	고

✏️ 아래 문장을 따라 써 보고, 오늘 배운 단어를 사용해 글짓기 연습을 해봅시다.

	모	두	가		숨	죽	이	고
있	었	다	.	할	아	버	지	가
녹	음	기	를		틀	자	오	래
전		녹	음	된		할	머	니	의
목	소	리	가		흘	러	나	왔	다	.

⭐ 단어를 소리 나는 대로 읽고 바르게 써 봅시다.

 모양 달이다 소리 다리다 ➡  달 이 다   달 이 다

 모양 귀걸이 소리 귀거리 ➡  귀 걸 이    귀 걸 이

 모양 간질이다 소리 간지리다 ➡  간 질 이 다

⭐ 틀리게 쓴 단어를 찾아 동그라미로 표시하고 바르게 고쳐 써 봅시다.

도둑 여러시 | 여럿이 함께 달아나다가 | 다라나다가 경찰에게 잡혔다.

 여 럿 이   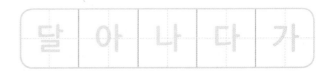 달 아 나 다 가

⭐ 그림에 맞게 쓴 단어를 찾아 연결하고 따라 써 봅시다.

 • 월요일 • 워료일    • 코고리 • 코골이    • 날아다니다 • 나라다니다

 월 요 일   코 골 이   월 요 일

 날 아 니 다   날 아 다 니 다

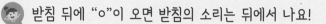
⭐ 문장을 소리 내어 읽고 주어진 단어를 따라 써 봅시다.

| 꼿꼿이 | ➡ | 허리를 꼿꼿이[꼳꼬시] 펴고 앉으세요. |
| 들썩이다 | ➡ | 축제 때만 되면 온 마을이 들썩인다[들써긴다]. |

| 꼿 | 꼿 | 이 | | 들 | 썩 | 인 | 다 | | 꼿 | 꼿 | 이 |

 아래 문장을 따라 써 보고, 오늘 배운 단어를 사용해 글짓기 연습을 해봅시다.

	모	기	가		날	아	다	니	다
가		내		볼	을		간	질	이
고	는		금	세		달	아	났	다.
자	는		척		속	임	수	를	
쓰	다	가		잡	아	야	겠	다.	

⭐ 단어를 소리 나는 대로 읽고 바르게 써 봅시다.

| 모양 | 단어 |
| 소리 | 다너 |

➡ 단 어　단 어　단 어

| 모양 | 믿음 |
| 소리 | 미듬 |

➡ 믿 음　믿 음　믿 음

| 모양 | 맞이하다 |
| 소리 | 마지하다 |

➡ 맞 이 하 다

⭐ 틀리게 쓴 단어를 찾아 동그라미로 표시하고 바르게 고쳐 써 봅시다.

정미는　부뉴 | 분유　가 잘　서끼도록 | 섞이도록　열심히 흔들었다.

섞 이 도 록　　분 유　　섞 이 도 록

⭐ 그림에 맞게 쓴 단어를 찾아 연결하고 따라 써 봅시다.

• 담임선생님
• 다밈선생님

• 인연
• 이년

• 드러가다
• 들어가다

담 임 선 생 님　　인 연　　인 연

들 어 가 다　　담 임 선 생 님

⭐ 문장을 소리 내어 읽고 주어진 단어를 따라 써 봅시다.

| 단위 | ➡ | 미터, 그램, 자루 같은 것을 단위[다뉘]라고 한다. |
| 쫓아가다 | ➡ | 성준이를 쫓아가다가[쪼차가다가] 모르는 사람과 부딪쳤다. |

| 단 | 위 |

| 쫓 | 아 | 가 | 다 | 가 |

| 단 | 위 |

 아래 문장을 따라 써 보고, 오늘 배운 단어를 사용해 글짓기 연습을 해봅시다.

담	임	선	생	님	과		나	는
인	연	이	다	.		이	번	에	도
담	임	이	시	다	.		선	생	님	과
나		사	이	에	는		두	터	운
믿	음	이		있	다	.

복습해봅시다!

⭐ 아래에서 맞는 단어를 찾아 모두 동그라미 치세요.

움지기다	소기다	석유	건어물
노금기	기우리다	넘어뜨리다	도길
맛있다	받아쓰기	달이다	여러시

⭐ 아래의 소리를 올바른 표기로 고쳐 쓰세요.

책 꼬지 ➡

이 료 일 ➡

소 김 수 ➡

들 써 기 다 ➡

⭐ 아래 문장을 읽고 [보기]와 같이 틀린 곳에 밑줄을 긋고 바르게 고쳐 쓰세요.

보기   진영이는 맞춤법 <u>다린</u>이야. (달인)

손톱까끼가 어디에 있는데?

정말 어구라다. 엄마는 늘 동생 편만 든다.

엄마는 웃으며 이모를 마지했어요.

잘 서끼도록 열심히 흔들어 주세요.

⭐ 보기에서 알맞은 단어를 찾아 빈칸에 쓰세요.

보기   할아버지   하라버지   재활용품   재화룡품
        단위   다뉘   쫓아가다   쪼아가다

_____ 께서 자전거를 고쳐 주셨다.

우리집은 수요일마다 _____ 을 버린다

미터, 그램, 자루 같은 것을 _____ 라고 한다.

친구를 _____ 모르는 사람과 부딪쳤다.

37

맞춤 발

기 초

완 삼

2장

받침으로 끝나는 단어 + 조사

"ㅇ" 이외의 받침으로 끝나는 단어와
"ㅇ"으로 시작되는 조사가 결합하면
글자의 생김새와 소리가 다르니
틀리지 않도록 주의해야 합니다.

예 모양 가을에
    소리 가으레

⭐ 단어를 소리 나는 대로 읽고 바르게 써 봅시다.

모양 **가을에**
소리 가으레
➡ 가 을 에 ／ 가 을 에

모양 **곰에게**
소리 고메게
➡ 곰 에 게 ／ 곰 에 게

모양 **동굴에서**
소리 동구레서
➡ 동 굴 에 서

⭐ 틀리게 쓴 단어를 찾아 동그라미로 표시하고 바르게 고쳐 써 봅시다.

가주그로 | 가죽으로   만든 주머니에   거우를 | 거울을   넣었다.

가 죽 으 로 ／ 거 울 을 ／ 거 울 을

⭐ 그림에 맞게 쓴 단어를 찾아 연결하고 따라 써 봅시다.

• 길은
• 기른

• 지하철에
• 지하처레

• 노핌마를
• 높임말을

길 은 ／ 지 하 철 에 ／ 높 임 말 을

길 은 ／ 지 하 철 에 ／ 높 임 말 을

⭐ 문장을 소리 내어 읽고 주어진 단어를 따라 써 봅시다.

곡이라 ➡ 모르는 곡이라[고기라] 부르기가 어려웠다.

상점이라서 ➡ 내가 좋아하는 상점이라서[상저미라서] 지나칠 수가 없다.

곡	이	라

상	점	이	라	서

✏️ 아래 문장을 따라 써 보고, 오늘 배운 단어를 사용해 글짓기 연습을 해봅시다.

	가	을	에		동	굴	에	서
곰	을		만	났	다	.		거	울	을
내	미	니		곰	이		신	기	해
했	다	.		난		무	서	워		아
무		곡	이	나		흥	얼	댔	다	.

⭐ 단어를 소리 나는 대로 읽고 바르게 써 봅시다.

모양 **끝으로**
소리 끄트로

➡ | 끝 | 으 | 로 | | 끝 | 으 | 로 |

 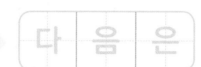

모양 **다음은**
소리 다으믄

➡ | 다 | 음 | 은 | | 다 | 음 | 은 |

모양 **풀밭을**
소리 풀바틀

➡ | 풀 | 밭 | 을 | | 풀 | 밭 | 을 |

⭐ 틀리게 쓴 단어를 찾아 동그라미로 표시하고 바르게 고쳐 써 봅시다.

공워네 | 공원에　갈까?　기리네게 | 기린에게　먹이도 줄 수 있대.

| 공 | 원 | 에 |

| 공 | 원 | 에 | | 공 | 원 | 에 |

| 기 | 린 | 에 | 게 |

| 기 | 린 | 에 | 게 |

⭐ 그림에 맞게 쓴 단어를 찾아 연결하고 따라 써 봅시다.

• 모둠에서
• 모두메서

• 겁을
• 거블

• 꾸메
• 꿈에

| 모 | 둠 | 에 | 서 |　　| 겁 | 을 |　　| 꿈 | 에 |

⭐ 문장을 소리 내어 읽고 주어진 단어를 따라 써 봅시다.

| 떡이다 | ➡ | 아빠가 좋아하는 떡이다[떠기다]. |
| 서랍이랑 | ➡ | 서랍이랑[서라비랑] 책장이랑 다 찾아봤어요. |

| 떡 | 이 | 다 | | 서 | 랍 | 이 | 랑 | | 떡 | 이 | 다 |

✏️ 아래 문장을 따라 써 보고, 오늘 배운 단어를 사용해 글짓기 연습을 해봅시다.

	어	젯	밤		꿈	에		기	린
이		그	랬	습	니	다	.		공	부
가		세	상	에	서		제	일	
쉽	다	고	.		풀	밭	에		누	워
서		떡		먹	기	라	고	.	

⭐ 단어를 소리 나는 대로 읽고 바르게 써 봅시다.

| 모양 | 달력에 |
| 소리 | 달려게 |

➡ 달 력 에 달 력 에

| 모양 | 꽃에게 |
| 소리 | 꼬체게 |

➡ 꽃 에 게 꽃 에 게

| 모양 | 문에서 |
| 소리 | 무네서 |

➡ 문 에 서 문 에 서

⭐ 틀리게 쓴 단어를 찾아 동그라미로 표시하고 바르게 고쳐 써 봅시다.

할머니가 주신 돈으로는 | 도느로는   공채글 | 공책을 사야겠다.

돈 으 로 는   돈 으 로 는

공 책 을   공 책 을   공 책 을

⭐ 그림에 맞게 쓴 단어를 찾아 연결하고 따라 써 봅시다.

• 물건은   • 가족의   • 눈무리
• 물거는   • 가조긔   • 눈물이

물 건 은   가 족 의   눈 물 이

⭐ 문장을 소리 내어 읽고 주어진 단어를 따라 써 봅시다.

밖이라서 ➡ 밖이라서[바끼라서] 춥지 않을까?

수박이거든요 ➡ 제가 제일 좋아하는 과일이 수박이거든요[수바기거든요].

밖	이	라	서

수	박	이	거	든	요

✏️ 아래 문장을 따라 써 보고, 오늘 배운 단어를 사용해 글짓기 연습을 해봅시다.

	달	력	을		보	니		엄	마
의		생	일	이	었	다	.		하	지
만		모	아		놓	은		돈	이
없	어	서		꽃	을		못		샀
다	.	눈	물	이		났	다	.	

⭐ 단어를 소리 나는 대로 읽고 바르게 써 봅시다.

모양 스마트폰에서
소리 스마트포네서

➡

| 스 | 마 | 트 | 폰 | 에 | 서 |

모양 여름이지만
소리 여르미지만

➡

| 여 | 름 | 이 | 지 | 만 |

모양 이불을
소리 이부를

➡

| 이 | 불 | 을 | 이 | 불 | 을 |

⭐ 틀리게 쓴 단어를 찾아 동그라미로 표시하고 바르게 고쳐 써 봅시다.

만약에 | 마냐게   다리 | 달이   없어진다면 어떻게 될까?

| 만 | 약 | 에 | | 만 | 약 | 에 | | 만 | 약 | 에 |

| 달 | 이 | | 달 | 이 | | 달 | 이 | | 달 | 이 |

⭐ 그림에 맞게 쓴 단어를 찾아 연결하고 따라 써 봅시다.

• 밑으로
• 미트로

삼촌!
• 삼촌의
• 삼초네

• 무엇을
• 무어슬

| 밑 | 으 | 로 |

| 삼 | 촌 | 의 |

| 무 | 엇 | 을 |

★ 문장을 소리 내어 읽고 주어진 단어를 따라 써 봅시다.

| 것은 | ➡ | 오줌이 자꾸 마렵다는 것은[거슨] 춥다는 뜻이다. |
| 유람선에는 | ➡ | 늦은 밤인데도 유람선에는[유람서네는] 관광객이 많다. |

| 것 | 은 | | 유 | 람 | 선 | 에 | 는 | | 것 | 은 |

 아래 문장을 따라 써 보고, 오늘 배운 단어를 사용해 글짓기 연습을 해봅시다.

삼	촌	이		용	돈	을		주
셨	다	.	그		돈	으	로		무
엇	을		할	까		고	민	이
되	었	다	.	책	을		살	까	?
어	떤		것	이		좋	을	까	?

😊 "의"가 첫 번째 글자가 아닐 때 보통 "에" 또는 "이"로 발음합니다.
"의"와 "에"를 헷갈리지 마세요!

(바른 표기)   (말할 때 발음)
삼촌의 취미   삼초네 취미
한국의 수도 서울   한구게 수도 서울

★ 단어를 소리 나는 대로 읽고 바르게 써 봅시다.

모양 얼굴에
소리 얼구레
➡ 얼굴에   얼굴에

모양 언덕에서
소리 언더게서
➡ 언덕에서

모양 미역을
소리 미여글
➡ 미역을   미역을

★ 틀리게 쓴 단어를 찾아 동그라미로 표시하고 바르게 고쳐 써 봅시다.

빨간새그로 | 빨간색으로   오슬 | 옷을   갈아입은

공주   곁에는 | 겨테는   왕자가 있었다.

빨간색으로   옷을   곁에는

★ 그림에 맞게 쓴 단어를 찾아 연결하고 따라 써 봅시다.

→ 머리
→ 팔
→ 다리
• 몸은
• 모믄

• 그림의
• 그리메

• 마느리
• 마늘이

몸은   그림의   마늘이

⭐ 문장을 소리 내어 읽고 주어진 단어를 따라 써 봅시다.

겨울이어서 ➡ 겨울이어서[겨우리어서] 낮이 짧고 밤이 길다.

지갑이다 ➡ 생일 선물로 받은 건 예쁜 캐릭터 지갑이다[지가비다].

| 겨 | 울 | 이 | 어 | 서 |

| 지 | 갑 | 이 | 다 |

✏️ 아래 문장을 따라 써 보고, 오늘 배운 단어를 사용해 글짓기 연습을 해봅시다.

	언	니	는		얼	굴	을		예
쁜		색	으	로		꾸	미	고	
입	학	식	에		갔	다	.		언	덕
에		있	는		대	학	교	는	
언	니	처	럼		예	뻤	다	.	

복습해봅시다!

⭐ 보기에서 알맞은 표현을 찾아 문장을 완성하세요.

> **보기** 가을에   가죽으로   물건은   가족의

영은아, [　　　　] 만나자.

상인은 [　　　　] 만든 주머니를 팔고 있다.

그 [　　　　] 제 것이 아닙니다.

우리 [　　　　] 소원입니다.

⭐ 소리나는 대로 쓴 표현을 보기와 같이 바르게 고쳐 쓰세요.

> **보기** 가주그로 ➡ 가 죽 + 으 로

꾸메 ➡ [　] + [　]

풀바틀 ➡ [　　] + [　]

여르미지만 ➡ [　　] + [　　　]

무어슬 ➡ [　　] + [　]

⭐ 보기에서 어울리는 단어와 조사를 하나씩 찾아 문장을 완성하세요.

보기				
단어	공원	기린	곁	겨울
조사	에	에게	에서	이라서

주말에는 ☐☐☐☐☐☐ 사람이 많이 모였다.

동물원에 갔을 때 ☐☐☐☐☐☐ 먹이를 준 적이 있다.

그 선수가 얼마나 열심히 했는지 ☐☐☐☐☐☐ 지켜본 사람은 다 안다.

☐☐☐☐☐☐ 낮이 짧고 밤이 길다.

⭐ 바르게 쓴 곳에 동그라미를 치세요.

할머니가 주신 돈으로 / 도느로 무엇을 살까?

숙제를 하려고 공책을 / 공채글 펼쳤다.

몸은 / 모믄 피곤했지만 기분은 좋았다.

밭에는 마느리 / 마늘이 잘 자라고 있습니다.

16 받침으로 끝나는 단어 + 조사

⭐ 단어를 소리 나는 대로 읽고 바르게 써 봅시다.

 모양 무릎이
소리 무르피
➡ 무릎이 무릎이

 모양 장갑이므로
소리 장가비므로
➡ 장갑이므로

 모양 입에
소리 이베
➡ 입에 입에 입에

⭐ 틀리게 쓴 단어를 찾아 동그라미로 표시하고 바르게 고쳐 써 봅시다.

다음부터는 집에서 | 지베서   채기라도 | 책이라도   들고 와야겠다.

집에서   집에서   집에서

책이라도   책이라도

⭐ 그림에 맞게 쓴 단어를 찾아 연결하고 따라 써 봅시다.

• 앞으로
• 아프로

• 눈에서는
• 누네서는

• 바를
• 발을

앞으로   눈에서는   발을

52

⭐ 문장을 소리 내어 읽고 주어진 단어를 따라 써 봅시다.

| 내일이 | ➡ | 내일이[내이리] 너무 기대된다. |
| 줄에 | ➡ | 참새 네 마리가 줄에[주레] 앉아 있다. |

| 내 | 일 | 이 | | 줄 | 에 | | 내 | 일 | 이 | | 줄 | 에 |

✏️ 아래 문장을 따라 써 보고, 오늘 배운 단어를 사용해 글짓기 연습을 해봅시다.

	발	을		헛	디	뎌		길	에
서		넘	어	졌	다	.		무	릎	에
서	는		피	가	,		눈	에	서	는
눈	물	이	,		입	에	서	는		비
명	이		흘	러	나	왔	다	.		

⭐ 단어를 소리 나는 대로 읽고 바르게 써 봅시다.

| 모양 | 시골에는 |
| 소리 | 시고레는 |

➡

시 골 에 는

| 모양 | 주먹으로 |
| 소리 | 주머그로 |

➡

주 먹 으 로

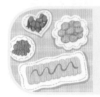

| 모양 | 반찬이 |
| 소리 | 반차니 |

➡

반 찬 이   반 찬 이

⭐ 틀리게 쓴 단어를 찾아 동그라미로 표시하고 바르게 고쳐 써 봅시다.

반짝이는   벼리랑 | 별이랑   푸른   산을 | 사늘   마음껏 보고 싶다.

별 이 랑   별 이 랑   산 을   산 을

⭐ 그림에 맞게 쓴 단어를 찾아 연결하고 따라 써 봅시다.

• 지하실에서
• 지하시레서

• 밥은
• 바른

• 할머니 대글
• 할머니 댁을

지 하 실 에 서   지 하 실 에 서

밥 은   밥 은   할 머 니   댁 을

54

"의"가 첫 번째 글자가 아닐 때 보통 "에" 또는 "이"로
발음합니다. 14일 차(p.46)에서 공부한 내용을 기억하세요!

★ 문장을 소리 내어 읽고 주어진 단어를 따라 써 봅시다.

방학이라서 ➡ 곧 방학이라서[방하기라서] 행복합니다.

한국의 ➡ 한국의[한구게] 수도는 어디입니까?

방	학	이	라	서

방	학	이	라	서

한	국	의

한	국	의

한	국	의

✏️ 아래 문장을 따라 써 보고, 오늘 배운 단어를 사용해 글짓기 연습을 해봅시다.

	방	학	이		되	면		시	골
에		계	신		할	머	니		댁
으	로		간	다	.		할	머	니	의
밥	은		반	찬	이		정	말	
맛	있	다	.						

18 받침으로 끝나는 단어 + 조사

⭐ 단어를 소리 나는 대로 읽고 바르게 써 봅시다.

 모양 풀에
소리 푸레

➡️

 모양 손에는
소리 소네는

➡️

 모양 칠판에서
소리 칠파네서

➡️

⭐ 틀리게 쓴 단어를 찾아 동그라미로 표시하고 바르게 고쳐 써 봅시다.

보믄 | 봄은　　창문으로도 | 창무느로도　살랑살랑 들어온다.

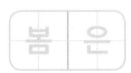　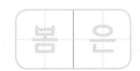　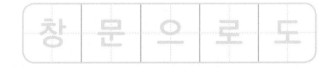

⭐ 그림에 맞게 쓴 단어를 찾아 연결하고 따라 써 봅시다.

● 연필이니까
● 연피리니까

● 따메서
● 땀에서

● 손수건이라고
● 손수거니라고

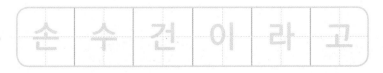

⭐ **문장을 소리 내어 읽고 주어진 단어를 따라 써 봅시다.**

| **거실이면서** | ➡ | 그곳은 거실이면서[거시리면서] 주방이다. |
| **사람이야말로** | ➡ | 그런 사람이야말로[사라미야말로] 칭찬받아야 한다. |

| 거 | 실 | 이 | 면 | 서 |

| 사 | 람 | 이 | 야 | 말 | 로 |

 아래 문장을 따라 써 보고, 오늘 배운 단어를 사용해 글짓기 연습을 해봅시다.

	손	수	건	으	로		땀	을
닦	았	다	.		다	시		연	필	을
잡	고		편	지	를		썼	다	.
봄	처	럼		따	뜻	한		마	음
을		담	아	야	겠	다	.

⭐ 단어를 소리 나는 대로 읽고 바르게 써 봅시다.

모양	양말을
소리	양마를

➡

양	말	을	양	말	을

모양	화분에는
소리	화부네는

➡

화	분	에	는

모양	인터넷에서
소리	인터네세서

➡

인	터	넷	에	서

⭐ 틀리게 쓴 단어를 찾아 동그라미로 표시하고 바르게 고쳐 써 봅시다.

옆에 | 여페 있는 친구의 마으믈 | 마음을 알아주면 좋겠다.

옆	에	옆	에	마	음	을	마	음	을

⭐ 그림에 맞게 쓴 단어를 찾아 연결하고 따라 써 봅시다.

- 안이니까
- 아니니까

- 운전은
- 운저는

- 선무리라는
- 선물이라는

안	이	니	까

운	전	은

운	전	은

선	물	이	라	는

선	물	이	라	는

⭐ 문장을 소리 내어 읽고 주어진 단어를 따라 써 봅시다.

섬이 ➡ 우리나라 서해와 남해에는 섬이[서미] 많다.
생각이야말로 ➡ 그런 생각이야말로[생가기야말로] 상을 받아야 한다.

섬	이	생	각	이	야	말	로	섬	이

✏️ 아래 문장을 따라 써 보고, 오늘 배운 단어를 사용해 글짓기 연습을 해봅시다.

	성	탄	절	에		큰		양	말
을		준	비	하	세	요	.	이	번
에	는		어	떤		선	물	일	까
요	?	산	타	할	아	버	지	의	
생	각	이		궁	금	합	니	다	.

20 받침으로 끝나는 단어 + 조사

⭐ 단어를 소리 나는 대로 읽고 바르게 써 봅시다.

모양 교실에서
소리 교시레서

➡ 교 | 실 | 에 | 서

도와줄래?
모양 어른이
소리 어르니

➡ 어 | 른 | 이 　　 어 | 른 | 이

지안이
모양 이름을
소리 이르믈

➡ 이 | 름 | 을 　　 이 | 름 | 을

⭐ 틀리게 쓴 단어를 찾아 동그라미로 표시하고 바르게 고쳐 써 봅시다.

요즘 미세먼지 　때무네 | 때문에　 　외출이 | 외추리　 힘들다.

때	문	에
외	출	이

때	문	에
외	출	이

때	문	에
외	출	이

⭐ 그림에 맞게 쓴 단어를 찾아 연결하고 따라 써 봅시다.

- 아이들에게
- 아이드레게

- 도움을
- 도우믈

- 자믈
- 잠을

아 | 이 | 들 | 에 | 게 　　 도 | 움 | 을 　　 잠 | 을

60

⭐ 문장을 소리 내어 읽고 주어진 단어를 따라 써 봅시다.

식탁을 ➡ 식탁을[식타글] 바꿀 때가 되었습니다.

아침이 ➡ 참새가 지저귀는 소리는 아침이[아치미] 오는 소리입니다.

식	탁	을

아	침	이

식	탁	을

✏️ 아래 문장을 따라 써 보고, 오늘 배운 단어를 사용해 글짓기 연습을 해봅시다.

	모	르	는		어	른	이		도
와		달	라	고		하	면		조
심	하	세	요	.		어	른	은	아
이	들	에	게			도	움	을	요
청	하	지		않	습	니	다	.	

복습해봅시다!

★ 보기에서 알맞은 표현을 찾아 문장을 완성하세요.

| 보기 | 무릎이 | 장갑이므로 | 풀에 | 칠판에서 |

할아버지는 [   ] 아프다고 하셨다.

아주 두꺼운 [   ] 가격이 비쌀 것이다.

[   ] 매달려 있는 게 메뚜기 맞지?

[   ] 하얀 가루가 떨어졌다.

★ 소리나는 대로 쓴 표현을 보기와 같이 바르게 고쳐 쓰세요.

| 보기 | 시고레는 ➡ 시 골 + 에 는

지하시레서 ➡ [   ] + [ ]

주머그로 ➡ [ ] + [ ]

운저는 ➡ [ ] + [ ]

선무리라는 ➡ [ ] + [ ]

⭐ 보기에서 어울리는 단어와 조사를 하나씩 찾아 문장을 완성하세요.

보기

단어	별	한국	교실	아이들
조사	이랑	의	에서는	에게

반짝이는 [   ] 포근한 달을 보고 싶다.

서울은 [   ] 수도입니다.

[   ] 집중해서 수업을 들어야 합니다.

[   ] 책을 읽어 주세요.

⭐ 바르게 쓴 곳에 동그라미를 치세요.

그곳은   거시리면서 / 거실이면서   주방이다.

연피리니까 / 연필이니까   지워질 거야.

요즘 미세먼지   때무네 / 때문에   공기가 나쁘다.

참새가 지저귀는 소리는   아침이 / 아치미   오는 소리입니다.

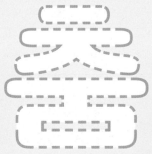

3장

모음에
주의할 단어

모음은 발음이 비슷하면서도
부정확하게 발음하기 쉽습니다.
평소 듣던 대로 글자를 쓰면
틀릴 수 있으니 주의해야 합니다.

예   가게 vs 가개
쓰레기 vs 쓰래기
헤매다 vs 해메다

⭐ 단어를 소리 나는 대로 읽고 바르게 써 봅시다.

이거 같지만 **가개**
이게 맞아요 **가게**
➡ 가 게　가 게

이거 같지만 **샛**
이게 맞아요 **셋**
➡ 셋　셋　셋　셋

이거 같지만 **열세**
이게 맞아요 **열쇠**
➡ 열 쇠　열 쇠

⭐ 틀리게 쓴 단어를 찾아 동그라미로 표시하고 바르게 고쳐 써 봅시다.

동생 한태 | 한테　　배개 | 베개 를 주었습니다.

저희 선생님은 숙제를 제대로 | 재대로 했는지 자새히 | 자세히 검사합니다.

한 테　베 개　제 대 로　자 세 히

⭐ 그림에 맞게 쓴 단어를 찾아 연결하고 따라 써 봅시다.

● 술래잡기
● 술레잡기

● 일기예보
● 일기얘보

● 형재
● 형제

술 래 잡 기　일 기 예 보　형 제

⭐ 문장을 소리 내어 읽고 주어진 단어를 따라 써 봅시다.

도대체	➡	도대체[도대체] 채소를 왜 먹어야 합니까?
데굴데굴	➡	화장실에 못 가서 데굴데굴[데굴데굴] 구를지도 몰라요.
해치는	➡	건강을 해치는[해치는] 나쁜 습관을 고쳐야 합니다.

도	대	체		도	대	체		도	대	체

데	굴	데	굴		데	굴	데	굴

해	치	는		해	치	는		해	치	는

✏️ 아래 문장을 따라 써 보고, 오늘 배운 단어를 사용해 글짓기 연습을 해봅시다.

	일	기	예	보	대	로		비	가
그	쳤	다	.		친	구	들	한	테
술	래	잡	기	를			하	자	고
했	다	.		피	자	가	게		앞	에
친	구		셋	이			모	였	다	.

⭐ 단어를 소리 나는 대로 읽고 바르게 써 봅시다.

  이거 같지만 벌래 / 이게 맞아요 **벌레** ➡ 벌 레 벌 레

 이거 같지만 가운대 / 이게 맞아요 **가운데** ➡ 가 운 데

 뿡!! 이거 같지만 방구 / 이게 맞아요 **방귀** ➡ 방 귀 방 귀

⭐ 틀리게 쓴 단어를 찾아 동그라미로 표시하고 바르게 고쳐 써 봅시다.

네가 | 너가   배짱이 | 베짱이   도 아닌데 왜 맨날 놀기만 하니?

불편한 자새 | 자세 로 오래 있었지? 이제 좀 쉬어라 | 시어라 .

네 가   베 짱 이   자 세   쉬 어 라

⭐ 그림에 맞게 쓴 단어를 찾아 연결하고 따라 써 봅시다.

● 돌멩이
● 돌맹이

● 쉼표
● 심표

● 체소
● 채소

돌 멩 이   쉼 표   채 소

⭐ 문장을 소리 내어 읽고 주어진 단어를 따라 써 봅시다.

계시니 ➡	어머니는 어디에 계시니[게시니]?
예의 ➡	수정이는 예의[예이]가 바른 친구예요.
지혜로운 ➡	지혜로운[지혜로운] 사람이 되고 싶습니다.

계	시	니		계	시	니		계	시	니
예	의		예	의		예	의		예	의
지	혜	로	운					지	혜	로	운

✏️ 아래 문장을 따라 써 보고, 오늘 배운 단어를 사용해 글짓기 연습을 해봅시다.

가	운	데		돌	멩	이	를
들	었	다	.	쉬	고		있	던
벌	레		몇		마	리	가		달
아	났	다	.	나	는		숙	인
자	세	로		지	켜	봤	다	.

23 모음에 주의할 단어

⭐ 단어를 소리 나는 대로 읽고 바르게 써 봅시다.

 이거 같지만 **새수**
이게 맞아요 **세수** ➡ 세 수 | 세 수

 이거 같지만 **개산**
이게 맞아요 **계산** ➡ 계 산 | 계 산

 이거 같지만 **새재**
이게 맞아요 **세제** ➡ 세 제 | 세 제

⭐ 틀리게 쓴 단어를 찾아 동그라미로 표시하고 바르게 고쳐 써 봅시다.

채온 | 체온 이 높아 가까운 병원으로 데리고 | 대리고 갔다.

동네 | 동내 여기저기를 헤매다가 | 해매다가 겨우 지수를 만났다.

체 온 | 체 온 | 데 리 고 | 데 리 고

동 네 | 헤 매 다 가 | 헤 매 다 가

⭐ 그림에 맞게 쓴 단어를 찾아 연결하고 따라 써 봅시다.

• 조개
• 조게

• 왕관
• 왕간

• 찌게
• 찌개

조 개 | 왕 관 | 찌 개

70

★ 문장을 소리 내어 읽고 주어진 단어를 따라 써 봅시다.

민들레꽃 ➡ 민들레꽃[민들래꼳]을 직접 본 적은 없어요.
생활 ➡ 친구와 잘 지내야 학교생활[생활]이 행복하다.
예절 ➡ 예절[예절] 교육 시간에 인사하는 법을 배웠다.

| 민 | 들 | 레 | 꽃 | | 민 | 들 | 레 | 꽃 |

| 생 | 활 | | 생 | 활 | | 생 | 활 | | 생 | 활 |

| 예 | 절 | | 예 | 절 | | 예 | 절 | | 예 | 절 |

✏️ 아래 문장을 따라 써 보고, 오늘 배운 단어를 사용해 글짓기 연습을 해봅시다.

	엄	마	와		마	트	에		갔
다	.		찌	개	에		넣	을		조
개	,		채	소	,		그	리	고		세
제	를		샀	다	.		계	산	하	니
이	만		원	이	었	다	.			

24 모음에 주의할 단어

⭐ 단어를 소리 나는 대로 읽고 바르게 써 봅시다.

이거 같지만 **집개**
이게 맞아요 **집게**

➡ 집 게 　 집 게

이거 같지만 **뺄셈**
이게 맞아요 **뺄셈**

➡ 뺄 셈 　 뺄 셈

이거 같지만 **제체기**
이게 맞아요 **재채기**

➡ 재 채 기

⭐ 틀리게 쓴 단어를 찾아 동그라미로 표시하고 바르게 고쳐 써 봅시다.

유치원 때를 대돌아봤다 | 되돌아봤다 . 해어진 | 헤어진 친구들이 생각났다.

먼지 낀 하늘을 계속 | 개속 닦으면 새하예질까요 | 새하얘질까요 ?

되 돌 아 봤 다　　　　헤 어 진

계 속　　계 속　　새 하 얘 질 까 요

⭐ 그림에 맞게 쓴 단어를 찾아 연결하고 따라 써 봅시다.

• 메뚜기
• 매뚜기

• 줄무늬
• 줄무니

• 행단보도
• 횡단보도

메 뚜 기　　줄 무 늬　　횡 단 보 도

⭐ 문장을 소리 내어 읽고 주어진 단어를 따라 써 봅시다.

세균	➡	세균[새균]에 감염될까 봐 겁이 납니다.
외삼촌	➡	주말에 외삼촌[웨삼촌]이 오신다고 해요.
어느새	➡	하늘을 보니 어느새[어느세] 달이 떠올랐다.

| 세 | 균 | | 세 | 균 | | 세 | 균 | | 세 | 균 |

| 외 | 삼 | 촌 | | 외 | 삼 | 촌 | | 외 | 삼 | 촌 |

| 어 | 느 | 새 | | 어 | 느 | 새 | | 어 | 느 | 새 |

✏️ 아래 문장을 따라 써 보고, 오늘 배운 단어를 사용해 글짓기 연습을 해봅시다.

	줄	무	늬		같	은		횡	단
보	도	를		건	너		들	판	으
로		메	뚜	기	를		잡	으	러
갔	는	데		재	채	기	가		계
속		나	와		다		놓	쳤	다.

⭐ 단어를 소리 나는 대로 읽고 바르게 써 봅시다.

| 이거 같지만 | 널띠기 |
| 이게 맞아요 | 널뛰기 |

➡ 널 뛰 기

| 이거 같지만 | 시개 |
| 이게 맞아요 | 시계 |

➡ 시 계   시 계

| 이거 같지만 | 채조 |
| 이게 맞아요 | 체조 |

➡ 체 조   체 조

⭐ 틀리게 쓴 단어를 찾아 동그라미로 표시하고 바르게 고쳐 써 봅시다.

흘러내리지 않게 주이해서 | 주의해서 가방을 메세요 | 매세요 .

예순 | 얘순 이신 할머니는 에안동물 | 애완동물 을 싫어하신다.

| 주 | 의 | 해 | 서 | | 메 | 세 | 요 | | 메 | 세 | 요 |

| 예 | 순 | | 애 | 완 | 동 | 물 | | 애 | 완 | 동 | 물 |

⭐ 그림에 맞게 쓴 단어를 찾아 연결하고 따라 써 봅시다.

- 달팽이
- 달펭이

- 우체국
- 우채국

- 개시판
- 게시판

| 달 | 팽 | 이 | | 우 | 체 | 국 | | 게 | 시 | 판 |

⭐ 문장을 소리 내어 읽고 주어진 단어를 따라 써 봅시다.

평화	➡ 비둘기는 평화[평와]의 상징이라고 합니다.
세계	➡ 세계[세개]에서 제일 좋은 우리 엄마!
차례	➡ 영은아! 네 차례[차래]가 될 때까지 기다려야지.

평	화		평	화		평	화		평	화
세	계		세	계		세	계		세	계
차	례		차	례		차	례		차	례

✏️ 아래 문장을 따라 써 보고, 오늘 배운 단어를 사용해 글짓기 연습을 해봅시다.

	달	팽	이		그	림	이		붙
어		있	는		교	실		게	시
판	에	는		체	조		순	서	,
시	계		보	는		법		등	이
게	시	되	어		있	습	니	다	.

복습해봅시다!

★ 그림을 올바르게 표현한 단어를 찾아 연결하세요.

- 가개
- 가게

- 열세
- 열쇠

- 형재
- 형제

- 술레잡기
- 술래잡기

★ 아래 문장을 읽고 [보기]와 같이 틀린 곳에 밑줄을 긋고 바르게 고쳐 쓰세요.

| 보기 | 불편한 <u>자새</u>로 오래 있었지? (자세) |

어머니는 어디에 게시니?

수정이는 얘이가 바른 친구예요.

가운대 있는 게 사슴벌레입니다.

집에 오다가 돌맹이에 걸려 넘어졌어요.

⭐ 아래에서 맞는 단어를 찾아 모두 동그라미 치세요.

세수	계산	새제	채온
찌개	얘절	조게	왕간
민들레꽃	생할	동네	헤매다

⭐ 아래에서 맞는 단어를 찾아 색칠하세요. 무슨 글자가 보이나요?

집게	뺄셈	세균	우채국	체조
재채기	세하예지다	왜삼촌	평하	주의하다
헤어지다	메뚜기	어느새	개시판	예순
대돌아보다	줄무늬	널띠기	차레	애완동물
계속	횡단보도	시계	새계	달팽이

⭐ 단어를 소리 나는 대로 읽고 바르게 써 봅시다.

이거 같지만 개물
이게 맞아요 **괴물**
➡ 괴 물 　 괴 물

이거 같지만 나이태
이게 맞아요 **나이테**
➡ 나 이 테

이거 같지만 만새
이게 맞아요 **만세**
➡ 만 세 　 만 세

⭐ 틀리게 쓴 단어를 찾아 동그라미로 표시하고 바르게 고쳐 써 봅시다.

미새먼지 | 미세먼지 　가 심해서　 그네는 | 그내는 　다음에 타야겠어요.

어제 감자를 　캐는데 | 케는데 　엄마께서 모자를 　씨워 | 씌워 　주셨어요.

미 세 먼 지 　 그 네 는 　 그 네 는

캐 는 데 　 캐 는 데 　 씌 워 　 씌 워

⭐ 그림에 맞게 쓴 단어를 찾아 연결하고 따라 써 봅시다.

• 회의
• 회이

• 지우개
• 지우게

• 재기
• 제기

회 의 　 　 지 우 개 　 　 제 기

★ 문장을 소리 내어 읽고 주어진 단어를 따라 써 봅시다.

애	➡	저녁에 그 애 [에] 한테 가보려고요.
내리쬐는	➡	뜨거운 햇볕이 내리쬐는 [내리쮀는] 한여름.
게으름뱅이	➡	자꾸 잠만 자면 게으름뱅이 [개으름뱅이] 로 오해할 거예요.

| 애 | | 애 | | 애 | | 애 | | 애 |

| 내 | 리 | 쬐 | 는 | | | 내 | 리 | 쬐 | 는 |

| 게 | 으 | 름 | 뱅 | 이 | | 게 | 으 | 름 | 뱅 | 이 |

✏️ 아래 문장을 따라 써 보고, 오늘 배운 단어를 사용해 글짓기 연습을 해봅시다.

제	기	차	기	에	서		우	승
한		나	는		지	우	개		따
먹	기	도		1	등	을		했	다.
괴	물	처	럼		소	리	를		지
르	며		만	세	를		불	렀	다.

⭐ 단어를 소리 나는 대로 읽고 바르게 써 봅시다.

이거 같지만 내시다
이게 맞아요 **내쉬다** ➡️ 내 | 쉬 | 다

이거 같지만 뭉개구름
이게 맞아요 **뭉게구름** ➡️ 뭉 | 게 | 구 | 름

이거 같지만 개단
이게 맞아요 **계단** ➡️ 계 | 단 | 계 | 단

⭐ 틀리게 쓴 단어를 찾아 동그라미로 표시하고 바르게 고쳐 써 봅시다.

오늘 하루 중에 언제 | 언재 　재일 | 제일 　기분이 좋았나요?

깜짝 놀란 나그내 | 나그네 　는 호랑이 등에 매달렸습니다 | 메달렸습니다 .

언 | 제 　　언 | 제 　　제 | 일 　　제 | 일

나 | 그 | 네 　　매 | 달 | 렸 | 습 | 니 | 다

⭐ 그림에 맞게 쓴 단어를 찾아 연결하고 따라 써 봅시다.

● 환경미화원
● 환경미하원

● 헤엄치다
● 해엄치다

● 운동하
● 운동화

환 | 경 | 미 | 화 | 원 　　헤 | 엄 | 치 | 다 　　운 | 동 | 화

⭐ 문장을 소리 내어 읽고 주어진 단어를 따라 써 봅시다.

댁	➡	선생님 댁[덱]은 어딘가요?
세우고	➡	바람에 쓰러진 화분을 세우고[새우고] 왔어요.
모레/모래	➡	모레[모레] 바닷가에 가면 모래[모래]놀이를 할 거예요.

✏️ 아래 문장을 따라 써 보고, 오늘 배운 단어를 사용해 글짓기 연습을 해봅시다.

	헤	엄	치	고		나	서		잠
깐		누	워		보	세	요	.	하
늘	의		뭉	게	구	름	을		보
며		한	숨		크	게		내	쉬
면		기	분	이		좋	아	져	요 .

⭐ 단어를 소리 나는 대로 읽고 바르게 써 봅시다.

이거 같지만 개절
이게 맞아요 **계절**
➡ 계 절 　 계 절

이거 같지만 새배
이게 맞아요 **세배**
➡ 세 배 　 세 배

이거 같지만 왜투
이게 맞아요 **외투**
➡ 외 투 　 외 투

⭐ 틀리게 쓴 단어를 찾아 동그라미로 표시하고 바르게 고쳐 써 봅시다.

예들아 | 얘들아 , 제목 | 재목 부터 정하는 건 어때?

그날 민오 네 | 내 집에 우리 반 친구들 거이 | 거의 다 갔다.

얘 들 아 　 제 목 　 네 　 거 의

⭐ 그림에 맞게 쓴 단어를 찾아 연결하고 따라 써 봅시다.

• 현관
• 현간

• 주사위
• 주사이

• 엥무새
• 앵무새

현 관 　 주 사 위 　 앵 무 새

⭐ 문장을 소리 내어 읽고 주어진 단어를 따라 써 봅시다.

문제 ➡	모르는 문제[문재]가 있으면 질문하세요!
후회하고 ➡	후회하고[후훼하고] 있다면 깨끗이 잊어버려.
계이름 ➡	음악 시간에는 계이름[게이름]을 외우는 게 힘들어요.

문	제		문	제		문	제		문	제

후	회	하	고			후	회	하	고

계	이	름		계	이	름		계	이	름

✏️ 아래 문장을 따라 써 보고, 오늘 배운 단어를 사용해 글짓기 연습을 해봅시다.

	겨	울	은		내	가		좋	아
하	는		계	절	이	다	.	멋	진
외	투	도		입	을		수		있
고		설	날	에	는		세	배	하
고		세	뱃	돈	도		받	는	다 .

⭐ 단어를 소리 나는 대로 읽고 바르게 써 봅시다.

 이거 같지만 쓰래기
이게 맞아요 **쓰레기** ➡ 쓰 레 기

 이거 같지만 껍대기
이게 맞아요 **껍데기** ➡ 껍 데 기

 이거 같지만 소메
이게 맞아요 **소매**
소매 ➡ 소 매 소 매

⭐ 틀리게 쓴 단어를 찾아 동그라미로 표시하고 바르게 고쳐 써 봅시다.

왜 | 외 어른들은 된장 | 댄장 을 자주 먹을까?

채험학습 | 체험학습 때 장난을 많이 쳤는데 지금은 니우치고 있다 | 뉘우치고 있다 .

왜 왜 된 장 체 험 학 습

뉘 우 치 고 있 다 된 장

⭐ 그림에 맞게 쓴 단어를 찾아 연결하고 따라 써 봅시다.

 • 계란
• 개란

 • 장화
• 장하

 • 영하
• 영화

계 란 장 화 영 화

⭐ 문장을 소리 내어 읽고 주어진 단어를 따라 써 봅시다.

제발	➡ 제발 [제발] 좀 도와주세요!
흰색	➡ 저는 깨끗한 흰색 [흰색] 을 좋아합니다.
제자리	➡ 다 쓴 물건은 제자리 [제자리] 에 갖다 놓으세요.

제	발		제	발		제	발		제	발
흰	색		흰	색		흰	색		흰	색
제	자	리		제	자	리		제	자	리

✏️ 아래 문장을 따라 써 보고, 오늘 배운 단어를 사용해 글짓기 연습을 해봅시다.

	영	화	를		보	는	데		엄
마	가		삶	은		계	란	을	
주	셨	다	.		하	지	만		너	무
집	중	을		한		탓	에		껍
데	기	째	로		먹	었	다	.	

30 모음에 주의할 단어

⭐ 단어를 소리 나는 대로 읽고 바르게 써 봅시다.

| 이거 같지만 | 재비 |
| 이게 맞아요 | 제비 |

➡️ 제 비   제 비

| 이거 같지만 | 지패 |
| 이게 맞아요 | 지폐 |

➡️ 지 폐   지 폐

| 이거 같지만 | 가제 |
| 이게 맞아요 | 가재 |

➡️ 가 재   가 재

⭐ 틀리게 쓴 단어를 찾아 동그라미로 표시하고 바르게 고쳐 써 봅시다.

콩이 싹을 금방 [티우니까 | 틔우니까]   [당황하지 | 당항하지]   마세요.

[예매 | 얘매] 를 안 하면 공연을 못 본대요. 너무 [아시워요 | 아쉬워요] .

틔 우 니 까   당 황 하 지   예 매

예 매   아 쉬 워 요   아 쉬 워 요

⭐ 그림에 맞게 쓴 단어를 찾아 연결하고 따라 써 봅시다.

• 게   • 소방관   • 어께
• 개   • 소방간   • 어깨

게   소 방 관   어 깨

⭐ 문장을 소리 내어 읽고 주어진 단어를 따라 써 봅시다.

은혜	➡	선생님께 받은 은혜 [은헤]는 꼭 갚겠습니다.
데었다	➡	캠핑장에 갔을 때 숯불에 손을 데었다[데어따].
번데기	➡	번데기[번데기]가 갈라지더니 예쁜 나비가 나왔다.

은	혜		은	혜		은	혜		은	혜

데	었	다		데	었	다		데	었	다

번	데	기		번	데	기		번	데	기

✏️ 아래 문장을 따라 써 보고, 오늘 배운 단어를 사용해 글짓기 연습을 해봅시다.

	가	재	는		게		편	이	라
는		말	이		있	습	니	다	.
그	럼		제	비	는		누	구	
편	일	까	요	?	제	비	는		바
로		흥	부		편	입	니	다	.

복습해봅시다!

⭐ 그림을 올바르게 표현한 단어를 찾아 연결하세요.

- 나이테
- 나이태

- 회의
- 회이

- 지우개
- 지우게

- 개물
- 괴물

⭐ 아래 문장을 읽고 [보기]와 같이 틀린 곳에 밑줄을 긋고 바르게 고쳐 쓰세요.

> **보기**   오늘은 학교 갔다가 <u>언재</u> 집으로 돌아왔어? (언제)

하늘에 뭉개구름이 가득한 날이었다.

깜짝 놀란 나그내는 호랑이 등에 매달렸습니다.

바람에 쓰러진 화분을 새우고 왔어요.

바닷가에 가면 모레놀이를 할 거예요.

⭐ 아래에서 맞는 단어를 찾아 모두 동그라미 치세요.

계절	세배	왜투	제목
예들아	거의	현관	주사이
엥무새	문제	후헤	계이름

⭐ 아래에서 맞는 단어를 찾아 색칠하세요. 무슨 글자가 보이나요?

제비	쓰레기	아시워하다	영화	소방간
왜?	겁대기	얘매	제발	어깨
소매	지페	댄장	은혜	흰색
틔우다	재자리	당항하다	체험학습	번대기
계란	장화	니우치다	가재	꽃개

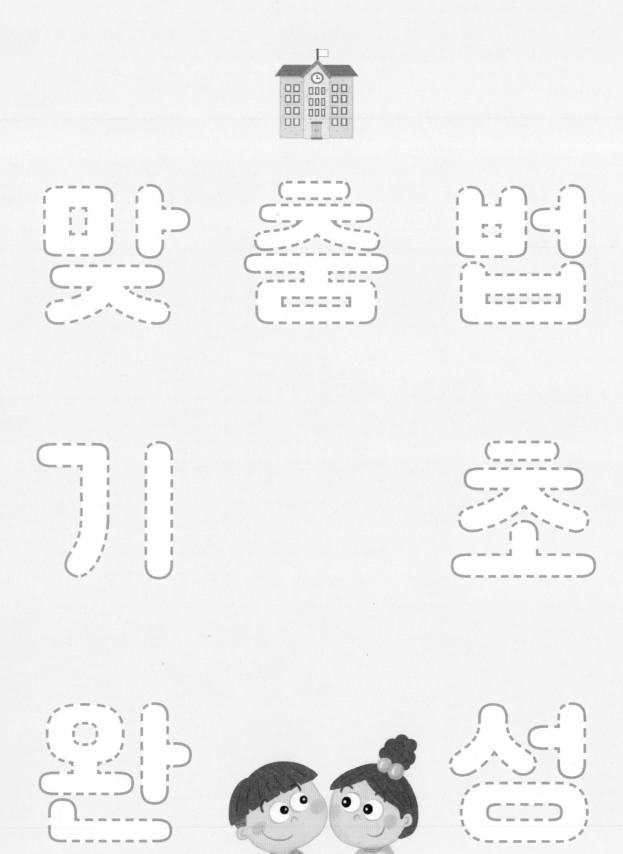

4장

받침에
주의할 단어

받침에는 여러 글자가 올 수 있습니다.
소리는 같아도 생김새가 다르니
틀리게 쓰지 않도록 주의해야 합니다.

예 무릎 vs 무릅
잇다 vs 잊다 vs 있다

받침에 주의할 단어

⭐ 단어를 소리 나는 대로 읽고 바르게 써 봅시다.

| 이거 같지만 | 무릅 |
| 이게 맞아요 | 무릎 |

무릎 무릎

| 이거 같지만 | 엽 |
| 이게 맞아요 | 옆 |

옆 옆 옆 옆

| 이거 같지만 | 압 |
| 이게 맞아요 | 앞 |

앞 앞 앞 앞

⭐ 틀리게 쓴 단어를 찾아 동그라미로 표시하고 바르게 고쳐 써 봅시다.

잔뜩 멎 | 멋 을 부린 이운 | 이웃 집 아이

멋 멋 멋 이웃 이웃 이웃

⭐ 그림에 맞게 쓴 단어를 찾아 연결하고 따라 써 봅시다.

• 꽃
• 꼿

• 못
• 몯

• 씨앝
• 씨앗

꽃 꽃 못 못 씨앗 씨앗

⭐ 문장을 소리 내어 읽고 주어진 단어를 따라 써 봅시다.

잇다 ➡ 점과 점을 잇다[읻따].

점과 점을 잇는[읻는] 중입니다.

잊다 ➡ 지우개를 어디에 두었는지 잊다[읻따].

지우개를 어디에 두었는지 잊고[읻꼬] 있었다.

잇	다		잇	는		잇	다		잇	는
잊	다		잊	고		잊	다		잊	고

✏️ 아래 문장을 따라 써 보고, 오늘 배운 단어를 사용해 글짓기 연습을 해봅시다.

미	리		박	아	둔		못
에		화	분	을		걸	었	다	.
화	분		속		씨	앗	은		앞,
으	로		6	개	월		뒤		예
쁜		꽃	을		피	우	겠	지	?

⭐ 단어를 소리 나는 대로 읽고 바르게 써 봅시다.

| 이거 같지만 | 붙 |
| 이게 맞아요 | 붓 |

➡ 붓 붓 붓 붓

| 이거 같지만 | 잎 |
| 이게 맞아요 | 입 |

➡ 입 입 입 입

| 이거 같지만 | 입 |
| 이게 맞아요 | 잎 |

➡ 잎 잎 잎 잎

⭐ 틀리게 쓴 단어를 찾아 동그라미로 표시하고 바르게 고쳐 써 봅시다.

어느덜 | 어느덧 4시이다.   멷 | 몇 시간 뒤면 비행기는 이륙한다.

| 어 | 느 | 덧 | | 어 | 느 | 덧 | | 어 | 느 | 덧 |

몇   몇   몇   몇   몇

⭐ 그림에 맞게 쓴 단어를 찾아 연결하고 따라 써 봅시다.

- 손톱
- 손톺

- 옷
- 옺

- 잗
- 잣

| 손 | 톱 | | 손 | 톺 | 옷   옷   잣   잣

94

⭐ **문장을 소리 내어 읽고 주어진 단어를 따라 써 봅시다.**

> **깊다** ➡ 바닷물이 참 깊다[깁따].
>
> 깊은[기픈] 바닷물은 위험합니다.
>
> **얕다** ➡ 시냇물이 얕다[얕따].
>
> 얕은[야튼] 시냇물에서 가재를 잡습니다.

깊	다

깊	은

깊	다

깊	은

얕	다

얕	은

얕	다

얕	은

✏️ **아래 문장을 따라 써 보고, 오늘 배운 단어를 사용해 글짓기 연습을 해봅시다.**

껍	질	을		손	톱	으	로	
벗	기	자		새	하	얀		잣	이
모	습	을		드	러	냈	다	.	입
에		넣	고		씹	으	니		고
소	한		향	이		났	다	.	

⭐ 단어를 소리 나는 대로 읽고 바르게 써 봅시다.

| 이거 같지만 | 긷털 |
| 이게 맞아요 | **깃털** |

깃 털　깃 털

| 이거 같지만 | 낟 |
| 이게 맞아요 | **낮** |

낮　낮　낮　낮

| 이거 같지만 | 낟 |
| 이게 맞아요 | **낫** |

낫　낫　낫　낫

⭐ 틀리게 쓴 단어를 찾아 동그라미로 표시하고 바르게 고쳐 써 봅시다.

그날은 다설 | 다섯 시간이나 햇볕 | 햇볏 아래에 있었다.

다 섯　다 섯　다 섯　다 섯

햇 볕　햇 볕　햇 볕　햇 볕

⭐ 그림에 맞게 쓴 단어를 찾아 연결하고 따라 써 봅시다.

- 팥
- 팣

- 그릇
- 그릍

- 갇
- 갓

팥　팥　그 릇　그 릇　갓　갓

⭐ 문장을 소리 내어 읽고 주어진 단어를 따라 써 봅시다.

맞다 ➡ 시험에서 100점을 맞다[맏따].

시험에서 100점을 맞으면[마즈면] 기분이 좋겠지?

맡다 ➡ 딸기 냄새를 맡다[맏따].

딸기 냄새를 맡으니[마트니] 기분이 상쾌하다.

맞	다		맞	으	면		맞	다		맞	으	면
맡	다		맡	으	니		맡	다		맡	으	니

✏️ 아래 문장을 따라 써 보고, 오늘 배운 단어를 사용해 글짓기 연습을 해봅시다.

	어	제	는		동	지	였	다	.
팥	죽	을		한		그	릇		먹
었	다	.		오	늘	부	터		낮	시
간	이		조	금	씩		길	어	진
다	고		한	다	.				

34 받침에 주의할 단어

⭐ 단어를 소리 나는 대로 읽고 바르게 써 봅시다.

이거 같지만	빚
이게 맞아요	**빗**

➡️ 빗   빗   빗   빗

이거 같지만	빗
이게 맞아요	**빛**

➡️ 빛   빛   빛   빛

이거 같지만	받
이게 맞아요	**밭**

➡️ 밭   밭   밭   밭

⭐ 틀리게 쓴 단어를 찾아 동그라미로 표시하고 바르게 고쳐 써 봅시다.

백조는 하양고 | 하얐고   까마귀는 까맜다 | 까맣다 .

지팡이를 지픈 | 짚은   노인이 연필을 집었다 | 지벘다 .

하	얗	고

하	얗	고

까	맣	다

짚	은	

짚	은	

집	었	다

⭐ 그림에 맞게 쓴 단어를 찾아 연결하고 따라 써 봅시다.

• 집
• 짚

• 짚
• 집

• 버섣
• 버섯

집		집		짚		짚

버	섯		버	섯

⭐ 문장을 소리 내어 읽고 주어진 단어를 따라 써 봅시다.

엎다 ➡ 실수로 국그릇을 엎다[업따].

실수로 국그릇을 엎었다가[어퍼따가] 혼났어요.

빗다 ➡ 머리를 단정하게 빗다[빋따].

머리를 단정하게 빗어야[비서야] 합니다.

엎	다

엎	었	다	가

엎	다

빗	다

빗	어	야

빗	다

빗	어	야

✏️ 아래 문장을 따라 써 보고, 오늘 배운 단어를 사용해 글짓기 연습을 해봅시다.

오	늘		받	침	을		배	웠
다	.	짚	과		집	은		소	리
가		같	지	만		뜻	은		다
르	다	.	빗	과		빛	도		받
침	에		주	의	해	야		한	다 .

35 받침에 주의할 단어

⭐ 단어를 소리 나는 대로 읽고 바르게 써 봅시다.

 거돋

이게 맞아요 겉옷

➡️ 겉 옷 | 겉 옷

 엳

이게 맞아요 엿

➡️ 엿 | 엿 | 엿 | 엿

 덛

이게 맞아요 덫

➡️ 덫 | 덫 | 덫 | 덫

⭐ 틀리게 쓴 단어를 찾아 동그라미로 표시하고 바르게 고쳐 써 봅시다.

교과서 믿 | 및 필기구는 책상 밑 | 및 에 두세요.

이 지우개는 조그맗고 | 조그마코 예뻐서 참 좇다 | 좋다 .

| 및 | 및 | 밑 | 밑 | 조 | 그 | 맗 | 고 |

| 조 | 그 | 맗 | 고 | | 좋 | 다 | . | | 좋 | 다 |

⭐ 그림에 맞게 쓴 단어를 찾아 연결하고 따라 써 봅시다.

• 숮
• 숯

• 머리숯
• 머리숱

• 숩
• 숲

| 숯 | | 숯 | | 머 | 리 | 숱 | | 머 | 리 | 숱 | | 숲 |

⭐ 문장을 소리 내어 읽고 주어진 단어를 따라 써 봅시다.

짓다	➡	집을 짓다[짇따].
		강아지 이름을 짓다[짇따].
짖다	➡	강아지가 멍멍 짖다[짇따].
		멍멍 잘 짖어서[지저서] 멍멍이라고 이름을 짓다[짇따].

| 짓 | 다 | | 짓 | 다 | | 짓 | 다 | | 짓 | 다 |

| 짖 | 다 | | 짖 | 어 | 서 | | 짖 | 다 | | 짖 | 어 | 서 |

✏️ 아래 문장을 따라 써 보고, 오늘 배운 단어를 사용해 글짓기 연습을 해봅시다.

정	민	이	의		머	리	숱	은
숲	처	럼		풍	성	하	다	.	게
다	가		숯	처	럼		검	다	.
덫	에		걸	린		듯		계	속
보	고		있	게		된	다	.	

101

복습해봅시다!

⭐ 그림을 보고 올바른 받침을 써 보세요.

무	르		무	르		무	르

씨	아		씨	아		씨	아

모	모	모	모	모

꼬	꼬	꼬	꼬	꼬

⭐ 바르게 쓴 곳에 동그라미를 치세요.

진호는 그림을 그리려고 붓 / 붇 을 잡았다.

어느덧 / 어느덛   저녁 7시가 되었습니다.

주말에는 엄마와 옷 / 온 을 사기로 했어요.

낮 / 낫   놓고 기역자도 모르는 사람입니다.

⭐ 아래에서 맞는 단어를 찾아 모두 동그라미 치세요.

깃털	낮	팢	그릇
갇	낳	맞다	맡다
얏다	깊다	몃	잎술

⭐ 아래 문장을 읽고 [보기]와 같이 틀린 곳에 밑줄을 긋고 바르게 고쳐 쓰세요.

보기	지팡이를 <u>지픈</u> 노인이 천천히 걸어가고 있다. (짚은)

창문을 열자 빗이 환하게 들어왔다.

동생은 버섣 반찬을 싫어합니다.

이 지우개는 조그마코 예뻐서 참 좋다.

강아지가 멍멍 짓다가 꼬리를 흔들었다.

36 받침에 주의할 단어

⭐ 단어를 소리 나는 대로 읽고 바르게 써 봅시다.

이거 같지만 가마솟
이게 맞아요 가마솥

➡ 가 마 솥

이거 같지만 씯다
이게 맞아요 씻다

➡ 씻 다   씻 다

이거 같지만 귿다
이게 맞아요 긋다

➡ 긋 다   긋 다

⭐ 틀리게 쓴 단어를 찾아 동그라미로 표시하고 바르게 고쳐 써 봅시다.

곳|곧 새로운 곳|곶 으로 이사를 간다.

운동장에서 친구를 찾다가|찼다가 굴러오는 공을 발로 찾다|찼다 .

 곧   곧   곧   곳   곳   곳

 찾 다 가    찾 다 가    찼 다   찼 다

⭐ 그림에 맞게 쓴 단어를 찾아 연결하고 따라 써 봅시다.

• 낮다
• 낮다

• 낫다
• 낳다

• 났다
• 낳다

 낮 다

 낫 다

 낳 다

⭐ 문장을 소리 내어 읽고 주어진 단어를 따라 써 봅시다.

쌓다 ➡ 블록을 쌓다[싸타].

블록을 쌓아[싸아] 올리다.

꽂다 ➡ 꽃을 병에 꽂다[꼳따].

꽃을 병에 꽂아[꼬자] 두었다.

| 쌓 | 다 | | 쌓 | 아 | | 쌓 | 다 | | 쌓 | 아 |

| 꽂 | 다 | | 꽂 | 아 | | 꽂 | 다 | | 꽂 | 아 |

✏️ 아래 문장을 따라 써 보고, 오늘 배운 단어를 사용해 글짓기 연습을 해봅시다.

우	리	집	에	서		불	만	인
게		하	나		있	다	.	세	면
대	가		낮	아	서		씻	을
때		불	편	하	다	.	차	라	리
세	숫	대	야	가		낫	다	.

⭐ 단어를 소리 나는 대로 읽고 바르게 써 봅시다.

이거 같지만 흑
이게 맞아요 흙
➡ 흙 흙 흙 흙

이거 같지만 닥
이게 맞아요 닭
➡ 닭 닭 닭 닭

밑변×높이 =?
이거 같지만 널비
이게 맞아요 넓이
➡ 넓이 넓이

⭐ 틀리게 쓴 단어를 찾아 동그라미로 표시하고 바르게 고쳐 써 봅시다.

 수컬 | 수컷 과 암컷 | 암컬 이 싸우고 있는데 까닥 | 까닭 을 모르겠다.

수 컷   수 컷   암 컷   암 컷

까 닭   까 닭   까 닭   까 닭

⭐ 그림에 맞게 쓴 단어를 찾아 연결하고 따라 써 봅시다.

6+3=( ) 9-5=( )
2+7=( ) 8-4=( )
• 값
• 갑

• 섞다
• 석다

• 깍다
• 깎다

값 값   섞 다   섞 다   깎 다   깎 다

106

⭐ 문장을 소리 내어 읽고 주어진 단어를 따라 써 봅시다.

> **있다** ➡ 우리 집에는 강아지가 있다[읻따].
>
> 우리 집에 있는[읻는] 강아지는 귀엽다.
>
> **없다** ➡ 오늘은 숙제가 없다[업따].
>
> 오늘은 숙제가 없지만[업지만] 내일은 시험이 있다[읻따].

있	다		있	는		있	다		있	는

없	다		없	지	만		없	다		없	지	만

✏️ 아래 문장을 따라 써 보고, 오늘 배운 단어를 사용해 글짓기 연습을 해봅시다.

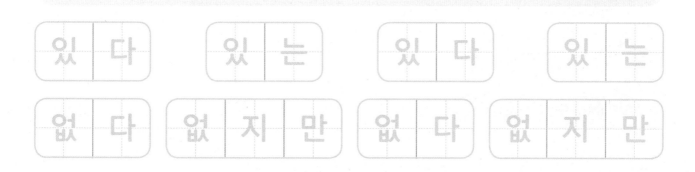

닭	은		흙	속	에		있
는		모	이	를		찾	다	가
값	비	싼		보	석	을		발	견
했	다	.		주	인	이		볼	까
봐		얼	른		삼	켰	다	.

⭐ 단어를 소리 나는 대로 읽고 바르게 써 봅시다.

  ➡ 앉 다 | 앉 다

  ➡ 많 다 | 많 다

  ➡ 싫 다 | 싫 다

⭐ 틀리게 쓴 단어를 찾아 동그라미로 표시하고 바르게 고쳐 써 봅시다.

여덜 | 여덟 번이나 먹으니 실증 | 싫증 이 났다.

여 덟 | 여 덟 | 여 덟 | 여 덟

싫 증 | 싫 증 | 싫 증 | 싫 증

⭐ 그림에 맞게 쓴 단어를 찾아 연결하고 따라 써 봅시다.

• 꺾다
• 꺽다

• 넓다
• 널따

• 닥따
• 닦다

꺾 다   넓 다   닦 다

⭐ **문장을 소리 내어 읽고 주어진 단어를 따라 써 봅시다.**

젊다	➡	옆집에 이사 온 사람은 젊다[점따].
		젊은[절믄] 사람이 옆집에 이사를 왔다.
겪다	➡	여러 가지 일을 겪다[격따].
		여러 가지 일을 겪으면서[겨끄면서] 성장한다.

| 젊 | 다 | | 젊 | 은 | | 젊 | 다 | | 젊 | 은 |

| 겪 | 다 | | 겪 | 으 | 면 | 서 | | 겪 | 다 |

✏ **아래 문장을 따라 써 보고, 오늘 배운 단어를 사용해 글짓기 연습을 해봅시다.**

넓	은		공	원	에		앉	아
쉬	니		좋	았	다	.		그	런	데
꽃	을		꺾	는		어	른	이
많	았	다	.		참		싫	다	.		어
른	들	은		마	음	대	로	다	.

⭐ 단어를 소리 나는 대로 읽고 바르게 써 봅시다.

이거 같지만 담다
이게 맞아요 닮다
➡ 닮 다   닮 다

이거 같지만 굴따
이게 맞아요 굵다
➡ 굵 다   굵 다

이거 같지만 뚤타
이게 맞아요 뚫다
➡ 뚫 다   뚫 다

⭐ 틀리게 쓴 단어를 찾아 동그라미로 표시하고 바르게 고쳐 써 봅시다.

3일을 굶다니! | 굼다니 ! 참 가엽다 | 가엾다 .

굶 다 니   굶 다 니   굶 다 니

가 엾 다   가 엾 다   가 엾 다

⭐ 그림에 맞게 쓴 단어를 찾아 연결하고 따라 써 봅시다.

• 굵다
• 극다

• 밟다
• 밥다

• 묵다
• 묶다

굵 다

밟 다

묶 다

★ 문장을 소리 내어 읽고 주어진 단어를 따라 써 봅시다.

> **귀찮다** ➡ 아플 때는 모든 것이 귀찮다[귀찬타].
>
> 모기는 사람을 귀찮게[귀찬케] 한다.
>
> **짧다** ➡ 길이가 짧다[짤따].
>
> 길이가 짧아졌다[짤바져따].

귀	찮	다

귀	찮	게

귀	찮	다

짧	다

짧	아	졌	다

짧	다

✏️ 아래 문장을 따라 써 보고, 오늘 배운 단어를 사용해 글짓기 연습을 해봅시다.

	굵	은		나	뭇	가	지	로
가	죽	에		구	멍	을		뚫	었
다	.	뚫	린		구	멍	으	로
끈	을		넣	고		발	로		밟
아	가	며		꼭		묶	었	다	.

40 받침에 주의할 단어

★ 단어를 소리 나는 대로 읽고 바르게 써 봅시다.

이거 같지만 **얄다**
이게 맞아요 **얇다** →

얇 | 다   얇 | 다

이거 같지만 **할다**
이게 맞아요 **핥다** →

핥 | 다   핥 | 다

이거 같지만 **끈다**
이게 맞아요 **끊다** →

끊 | 다   끊 | 다

★ 틀리게 쓴 단어를 찾아 동그라미로 표시하고 바르게 고쳐 써 봅시다.

공기가  말근 | 맑은  곳으로 집을  옮기다 | 옴기다 .

맑 | 은   맑 | 은   맑 | 은   맑 | 은

옮 | 기 | 다   옮 | 기 | 다    옮 | 기 | 다

★ 그림에 맞게 쓴 단어를 찾아 연결하고 따라 써 봅시다.

• 엎다
• 언다

엎 | 다

• 갉다
• 각다

갉 | 다

• 박다
• 밝다

밝 | 다

⭐ 문장을 소리 내어 읽고 주어진 단어를 따라 써 봅시다.

옳다 ➡ 이번에는 네 말이 옳다[올타].

다음 보기 중 옳은[오른] 것을 고르세요.

붉다 ➡ 저녁 노을이 붉다[북따].

붉게[불게] 물든 노을이 예쁘다.

✏️ 아래 문장을 따라 써 보고, 오늘 배운 단어를 사용해 글짓기 연습을 해봅시다.

밝	은		낮	에	도		숲	은
조	용	하	다	.	다	람	쥐	는
나	무		껍	데	기	를		갉	고
있	고		어	미		원	숭	이	는
새	끼	를		핥	고		있	다	.

복습해봅시다!

⭐ 그림을 보고 올바른 받침을 써 보세요.

⭐ 바르게 쓴 곳에 동그라미를 치세요.

오늘은 숙제가 없어요 / 업어요 .

이 학교는 운동장 널비 / 넓이 가 엄청나다.

영희와 민수가 다투는 까닭 / 까닥 을 모르겠다.

아빠는 값 / 갑 을 깍겠다며 / 깎겠다며 아직도 얘기 중이에요.

114

⭐ 아래에서 맞는 단어를 찾아 모두 동그라미 치세요.

앉다	많다	싫다	여덜
싫증	꺾다	넓다	닥다
젎다	격다	흑	닭

⭐ 아래 문장을 읽고 [보기]와 같이 틀린 곳에 밑줄을 긋고 바르게 고쳐 쓰세요.

> **보기**
>
> 3일을 굶다니! 참 <u>가엽다</u>. (가엾다)

그래, 이번에는 네 말이 옳다!

딱따구리가 나무에 구멍을 뚫고 있어요.

아플 때는 모든 것이 귀찮습니다.

불게 물든 노을이 예쁘다.

115

5장

생김새가 바뀌는 단어

움직임이나 상태를 뜻하는 단어는
문장 속에서 생김새가 바뀌며
소리도 달라지니 틀리지 않도록
주의해야 합니다.

예   모양 **갑니다**
    소리 감니다

모양 **그릴게요**
소리 그릴께요

⭐ 단어를 소리 나는 대로 읽고 바르게 써 봅시다.

 가다 이거 같지만 감니다 / 이게 맞아요 갑니다 ➡ 갑 니 다

 놀다 이거 같지만 놈미다 / 이게 맞아요 놉니다 ➡ 놉 니 다

 먹다 이거 같지만 먹씀미다 / 이게 맞아요 먹습니다 ➡ 먹 습 니 다

⭐ 틀리게 쓴 단어를 찾아 동그라미로 표시하고 바르게 고쳐 써 봅시다.

목이 말라서 물을 한 컵  마셨다 | 마셧다 .

오랜만에 달리기를 하니  힘드렀다 | 힘들었다 .

마 셨 다   마 셨 다   힘 들 었 다

⭐ 그림에 맞게 쓴 단어를 찾아 연결하고 따라 써 봅시다.

 • 인사했나요?   • 앉았나요?   • 잘란나요?
• 인사핸나요? • 안잔나요? • 잘랐나요?

인 사 했 나 요   인 사 했 나 요

앉 았 나 요   잘 랐 나 요

118

⭐ 문장을 소리 내어 읽고 주어진 단어를 따라 써 봅시다.

그리다	➡	아빠 얼굴은 내가 그릴게요[그릴께요].
듣다	➡	앞으로는 잘 들을게요[드를께요].
읽다	➡	저는 이제 책을 읽을게요[일글께요].
차다	➡	다음에는 제가 찰게요[찰께요].

그	릴	게	요

들	을	게	요

읽	을	게	요

찰	게	요

찰	게	요

✏️ 아래 문장을 따라 써 보고, 오늘 배운 단어를 사용해 글짓기 연습을 해봅시다.

	주	말	에		계	획	이		있
나	요	?	저	는		가	족	과	
공	원	에		갑	니	다	.	맛	있
는		것	도		먹	습	니	다	.
그	림	도		그	립	니	다	.	

생김새가 바뀌는 단어

⭐ 단어를 소리 나는 대로 읽고 바르게 써 봅시다.

 만나다   이거 같지만 **만나로**   이게 맞아요 **만나러** ➡  만 나 러

 공부하다   이거 같지만 **공부하로**   이게 맞아요 **공부하러** ➡ 공 부 하 러

 말하다   이거 같지만 **말하로**   이게 맞아요 **말하러** ➡  말 하 러

⭐ 틀리게 쓴 단어를 찾아 동그라미로 표시하고 바르게 고쳐 써 봅시다.

엄마와 아빠가 무슨 얘기를 하는지 알고   싶다 | 십다 .

고장 난 장난감을 어서 고치고   십다 | 싶다 .

싶 다   싶 다   싶 다   싶 다

⭐ 그림에 맞게 쓴 단어를 찾아 연결하고 따라 써 봅시다.

 • 잘래요   • 잘레요    • 걸을래요   • 거를래요    • 들을래요   • 드를래요

 잘 래 요   잘 래 요    잘 래 요

걸 을 래 요    들 을 래 요

★ 문장을 소리 내어 읽고 주어진 단어를 따라 써 봅시다.

굽다	➡	내일 저녁에는 삼겹살을 구웁시다[구웁시다].
끝내다	➡	이제 그만 끝냅시다[끈냅시다].
달리다	➡	건강을 생각해서 자주 달립시다[달립시다].
보내다	➡	편지는 내일 보냅시다[보냅시다].

✏ 아래 문장을 따라 써 보고, 오늘 배운 단어를 사용해 글짓기 연습을 해봅시다.

	공	부	하	러		방	으	로
가	는	데		자	고		있	는
동	생	이		보	였	다	.	' 나
도		잘	래	요	'	말	하	고
싶	었	다	.					

⭐ 단어를 소리 나는 대로 읽고 바르게 써 봅시다.

| 길 | 겠 | 다 |

| 덥 | 겠 | 다 |

| 늙 | 겠 | 다 |

⭐ 틀리게 쓴 단어를 찾아 동그라미로 표시하고 바르게 고쳐 써 봅시다.

치료를 잘 받아서 지금은   괜차나요 | 괜찮아요   .

제 침대는 아주   편안해요 | 펴나내요   .

| 괜 | 찮 | 아 | 요 |

| 편 | 안 | 해 | 요 |

⭐ 그림에 맞게 쓴 단어를 찾아 연결하고 따라 써 봅시다.

• 따뜻하도록
• 따뜨타도록

• 잊도록
• 이또록

• 차또록
• 찾도록

| 따 | 뜻 | 하 | 도 | 록 |

| 따 | 뜻 | 하 | 도 | 록 |

| 잊 | 도 | 록 |

| 잊 | 도 | 록 |

| 찾 | 도 | 록 |

⭐ 문장을 소리 내어 읽고 주어진 단어를 따라 써 봅시다.

낮설다 ➡ 낮선[낟썬] 사람을 조심하세요.

부딪히다 ➡ 바위에 부딪히는[부디치는] 파도 소리가 참 좋다.

행복하다 ➡ 행복한[행보칸] 시간 보내세요.

빛나다 ➡ 별이 빛나는[빈나는] 밤을 좋아합니다.

낮	선

부	딪	히	는

낯	선

행	복	한

빛	나	는

행	복	한

✏️ 아래 문장을 따라 써 보고, 오늘 배운 단어를 사용해 글짓기 연습을 해봅시다.

	언		땅	을		뚫	고		나
오	는		새	싹	은		힘	들	고
춥	겠	다	.	아	픔	을		잊	도
록	,	몸	이		따	뜻	하	도	록
호	호		불	어	줘	야	지	.	

44 생김새가 바뀌는 단어

⭐ 단어를 소리 나는 대로 읽고 바르게 써 봅시다.

춥다
이거 같지만 춥찌
이게 맞아요 춥지?
➡ 춥 지

딱딱하다
이거 같지만 딱따카지
이게 맞아요 딱딱하지?
➡ 딱 딱 하 지

빨갛다
이거 같지만 빨가치?
이게 맞아요 빨갛지?
➡ 빨 갛 지

⭐ 틀리게 쓴 단어를 찾아 동그라미로 표시하고 바르게 고쳐 써 봅시다.

학교 가는 길이 헤깔리나요 | 헷갈리나요 ?

1번 문제의 정답을 기억하나요 | 기어카나요 ?

헷 갈 리 나 요   기 억 하 나 요

⭐ 그림에 맞게 쓴 단어를 찾아 연결하고 따라 써 봅시다.

• 낡았어요
• 날가써요

• 젖었어요
• 저저써요

• 나마써요
• 남았어요

낡 았 어 요   낡 았 어 요

젖 었 어 요   남 았 어 요

⭐ 문장을 소리 내어 읽고 주어진 단어를 따라 써 봅시다.

미끄러지다 ➡ 나는 미끄러지듯이[미끄러지드시] 욕조 속으로 들어갔다.

속삭이다 ➡ 엄마는 속삭이듯이[속사기드시] 말했다.

쓰다듬다 ➡ 아빠는 강아지를 쓰다듬듯이[쓰다듬드시] 자동차를 만졌다.

옮기다 ➡ 물이 가득 든 컵을 옮기듯이[옴기드시] 조심히 행동했다.

미	끄	러	지	듯	이

옮	기	듯	이

속	삭	이	듯	이

쓰	다	듬	듯	이

✏️ 아래 문장을 따라 써 보고, 오늘 배운 단어를 사용해 글짓기 연습을 해봅시다.

하	굣	길	에		갑	자	기	
비	가		와	서		다		젖	었
어	요	.		집	에		오	자		엄
마	는			"	춥	지	?	"		하	며
핫	초	코	를		만	들	어			주
셨	어	요	.

⭐ 단어를 소리 나는 대로 읽고 바르게 써 봅시다.

 삶다  이거 같지만 삼꼬 / 이게 맞아요 삶고 ➡ 삶 다 삶 고

 잡다  이거 같지만 잡꼬 / 이게 맞아요 잡고 ➡ 잡 다 잡 고

 심다  이거 같지만 심꼬 / 이게 맞아요 심고 ➡ 심 다 심 고

⭐ 틀리게 쓴 단어를 찾아 동그라미로 표시하고 바르게 고쳐 써 봅시다.

지금은  느저서 | 늦어서 잠을 자야 합니다.

 납작해서 | 납자캐서 들고 다니기 편해요.

늦 어 서   늦 어 서   납 작 해 서

⭐ 그림에 맞게 쓴 단어를 찾아 연결하고 따라 써 봅시다.

 • 볶아 봐 / • 보까 봐

 • 웃어 봐 / • 우서 봐

 • 부러 봐 / • 불어 봐

볶 아 봐   볶 아 봐

웃 어 봐   불 어 봐

★ 문장을 소리 내어 읽고 주어진 단어를 따라 써 봅시다.

착하다   ➡   너는 참 착하구나[차카구나].
친절하다   ➡   널 도와주는 걸 보니 영희는 참 친절하구나[친절하구나].
부족하다   ➡   연필을 사고 싶은데 돈이 부족하구나[부조카구나].
답답하다   ➡   여러 번 말해도 모르니 답답하구나[답따파구나].

| 착 | 하 | 구 | 나 |
| 친 | 절 | 하 | 구 | 나 |

| 부 | 족 | 하 | 구 | 나 |
| 답 | 답 | 하 | 구 | 나 |

✏️ 아래 문장을 따라 써 보고, 오늘 배운 단어를 사용해 글짓기 연습을 해봅시다.

웃	어		봐	!	웃	는		것
은		씨	앗	을		심	고		지
켜	보	는		것	과		같	아	.
싹	트	고		꽃	이		피	듯
좋	은		일	이		생	기	니	까	.

복습해봅시다!

⭐ 소리 나는 대로 쓴 곳을 올바르게 고쳐 쓰세요.

목이 말라서 물을 한 컵 마셨다.

저는 아침을 꼭 먹고 학교에 갑니다.

오랜만에 달리기를 하니 힘드러써요.

다음에는 제가 찰께요.

⭐ 보기처럼 빈 칸을 채우세요.

보기

공부하다 공부할게요 공부합시다 공부하러 갑니다.

만나다

굽다

듣다

자다

⭐ 아래에서 맞는 단어를 찾아 모두 동그라미 치세요.

괜찮아요	편안해요	낯설어요	부딪혀요
빈나요	잊어요	덥워요	찾아요
햇갈려요	기억해요	낡았어요	옴겨요

⭐ 그림을 올바르게 표현한 단어를 찾아 연결하세요.

• 삶다
• 삼다

• 심다
• 싶다

• 볶다
• 복다

• 불다
• 붏다

⭐ 단어를 소리 나는 대로 읽고 바르게 써 봅시다.

| 크 | 니 | 다 |

| 탑 | 니 | 다 |

| 봅 | 니 | 다 |

⭐ 틀리게 쓴 단어를 찾아 동그라미로 표시하고 바르게 고쳐 써 봅시다.

씩씩한 아이는 다처도 | 다쳐도 울지 않아요.

그렇게 입으니 정말 멋져 | 멋저 보인다.

| 다 | 쳐 | 도 | | 다 | 쳐 | 도 | | 멋 | 져 | | 멋 | 져 |

⭐ 그림에 맞게 쓴 단어를 찾아 연결하고 따라 써 봅시다.

● 생각하다
● 생가카다

● 식히다
● 시키다

● 피고나다
● 피곤하다

| 생 | 각 | 하 | 다 | | 식 | 히 | 다 | | 식 | 히 | 다 |

| 피 | 곤 | 하 | 다 | | | | | 피 | 곤 | 하 | 다 |

⭐ 문장을 소리 내어 읽고 주어진 단어를 따라 써 봅시다.

살피다 ➡	어린 아기는 잘 살펴야 한다[살펴야 한다].
벗기다 ➡	껍질을 잘 벗겨야 한다[벋껴야 한다].
이기다 ➡	이번 시합에서는 꼭 이겨야 한다[이겨야 한다].
던지다 ➡	공을 잘 던져야 한다[던져야 한다].

살	펴	야 ✔ 한	다

벗	겨	야 ✔ 한	다

이	겨	야 ✔ 한	다

던	져	야 ✔ 한	다

✏️ 아래 문장을 따라 써 보고, 오늘 배운 단어를 사용해 글짓기 연습을 해봅시다.

	나	는		과	학	자	가		되
어		우	주	선	을		탈		거
야	.	우	주	에	서			지	구	도
볼		거	야	.		생	각	하	는
것	만	으	로	도			즐	거	워	.

47 생김새가 바뀌는 단어

⭐ 단어를 소리 나는 대로 읽고 바르게 써 봅시다.

 칠하다 이거 같지만 치라면 / 이게 맞아요 칠하면 ➡ 칠 하 면

 탈출하다 이거 같지만 탈추라면 / 이게 맞아요 탈출하면 ➡ 탈 출 하 면

 튼튼하다 이거 같지만 튼트나면 / 이게 맞아요 튼튼하면 ➡ 튼 튼 하 면

⭐ 틀리게 쓴 단어를 찾아 동그라미로 표시하고 바르게 고쳐 써 봅시다.

시작할 | 시자칼 때가 되었습니까?

친구가 칭차날 | 칭찬할 때 기분이 좋았어요.

시 작 할   칭 찬 할   칭 찬 할

⭐ 그림에 맞게 쓴 단어를 찾아 연결하고 따라 써 봅시다.

- 동그랗다
- 동그라타

- 커다랗다
- 커다라타

- 기다라타
- 기다랗다

동 그 랗 다   동 그 랗 다

커 다 랗 다   기 다 랗 다

⭐ 문장을 소리 내어 읽고 주어진 단어를 따라 써 봅시다.

가난하다 ➡ 가난한[가나난] 거지가 왕자가 되었다니!

뒤집다 ➡ 고기를 제때 뒤집어야[뒤지버야] 안 탑니다.

궁금하다 ➡ 이 책은 읽을수록 점점 궁금해지는데[궁금해지는데]!

뒤척이다 ➡ 모기 때문에 밤새 뒤척여서[뒤처겨서] 피곤합니다.

| 가 | 난 | 한 | | 뒤 | 집 | 어 | 야 | | 가 | 난 | 한 |

| 궁 | 금 | 해 | 지 | 는 | 데 | | 뒤 | 척 | 여 | 서 |

✏️ 아래 문장을 따라 써 보고, 오늘 배운 단어를 사용해 글짓기 연습을 해봅시다.

동	그	랗	고		약	간	은	
기	다	란		내		얼	굴	.	살
구	색	으	로		칠	하	면		계
란		같	고		갈	색	으	로	
칠	하	면		키	위		같	다	.

⭐ 단어를 소리 나는 대로 읽고 바르게 써 봅시다.

빨개지다 | 이거 같지만 빨개져따 / 이게 맞아요 빨개졌다 ➡ 빨 개 졌 다

깨끗하다 | 이거 같지만 깨끄태따 / 이게 맞아요 깨끗했다 ➡ 깨 끗 했 다

심심하다 | 이거 같지만 심시맽다 / 이게 맞아요 심심했다 ➡ 심 심 했 다

⭐ 틀리게 쓴 단어를 찾아 동그라미로 표시하고 바르게 고쳐 써 봅시다.

지수는 일기장을 책상 위에  놓았다 | 노았다 .

나뭇가지가 사방으로  뻐덛따 | 뻗었다 .

놓 았 다   뻗 었 다   뻗 었 다

⭐ 그림에 맞게 쓴 단어를 찾아 연결하고 따라 써 봅시다.

 • 넣다 • 너타

 • 잃어버리다 • 이러버리다

 • 버따 • 벗다

넣 다   넣 다   잃 어 버 리 다

잃 어 버 리 다   벗 다   벗 다

⭐ 문장을 소리 내어 읽고 주어진 단어를 따라 써 봅시다.

알맞다	➡	다음 문제에 알맞은[알마즌] 답을 고르세요.
닳다	➡	많이 닳은[달은] 신발은 버려야지.
뽀얗다	➡	설렁탕의 뽀얀[뽀얀] 국물이 참 맛있어요.
알아듣다	➡	알아듣는[아라듣는] 사람은 손을 드세요.

알	맞	은		닳	은		알	맞	은		닳	은

뽀	얀		알	아	듣	는			뽀	얀

✏️ 아래 문장을 따라 써 보고, 오늘 배운 단어를 사용해 글짓기 연습을 해봅시다.

	돈	을		잃	어	버	렸	다	.
분	명		저	금	통	에		넣	었
는	데		안		보	인	다	.	도
대	체		어	디	로		간		걸
까	?	얼	굴	이		빨	개	졌	다	.

⭐ 단어를 소리 나는 대로 읽고 바르게 써 봅시다.

써넣다   이거 같지만 써너코   이게 맞아요 **써넣고** ➡ 써 넣 고

씌우다   이거 같지만 씨우고   이게 맞아요 **씌우고** ➡ 씌 우 고

아쉽다   이거 같지만 아십꼬   이게 맞아요 **아쉽고** ➡ 아 쉽 고

⭐ 틀리게 쓴 단어를 찾아 동그라미로 표시하고 바르게 고쳐 써 봅시다.

지금 출발해도   느꺼든요. | 늦거든요   .

제가 좀   부끄럽거든요. | 부끄럽꺼든요   .

늦 거 든 요   부 끄 럽 거 든 요

⭐ 그림에 맞게 쓴 단어를 찾아 연결하고 따라 써 봅시다.

• 샘솟다
• 샘소따

• 맞대다
• 마때다

• 부추카다
• 부축하다

샘 솟 다   샘 솟 다   부 축 하 다

맞 대 다   맞 대 다   부 축 하 다

⭐ 문장을 소리 내어 읽고 주어진 단어를 따라 써 봅시다.

뚜렷하다 ➡ 날씨가 맑으니 산꼭대기가 뚜렷하게[뚜려타게] 보입니다.

뿌듯하다 ➡ 어려운 문제지만 풀고 나면 뿌듯합니다[뿌드탑니다].

올려놓다 ➡ 쓰레기를 올려놓지[올려노치] 마세요.

괴롭히다 ➡ 동물을 괴롭히는[괴로피는] 사람은 벌을 받습니다.

뚜	렷	하	게

뿌	듯	합	니	다

올	려	놓	지

괴	롭	히	는

✏️ 아래 문장을 따라 써 보고, 오늘 배운 단어를 사용해 글짓기 연습을 해봅시다.

친	구	와		머	리	를		맞
대	니		아	이	디	어	가	샘
솟	는	다	.	일	단		공	책	에
써	넣	고		하	나	씩		해	보
기	로		했	다	.	설	렌	다	.

생김새가 바뀌는 단어

⭐ 단어를 소리 나는 대로 읽고 바르게 써 봅시다.

 착하다   이거 같지만 **차캐서** / 이게 맞아요 **착해서** ➡ 착 | 해 | 서

 좋다   이거 같지만 **조아서** / 이게 맞아요 **좋아서** ➡ 좋 | 아 | 서

 입다   이거 같지만 **이버서** / 이게 맞아요 **입어서** ➡ 입 | 어 | 서

⭐ 틀리게 쓴 단어를 찾아 동그라미로 표시하고 바르게 고쳐 써 봅시다.

냄새를   마트니 | 맡으니   배가 더 고프다.

10문제 다   마치니 | 맞히니   기분이 좋았습니다.

맡 | 으 | 니   맞 | 히 | 니   맞 | 히 | 니

⭐ 그림에 맞게 쓴 단어를 찾아 연결하고 따라 써 봅시다.

 ● 비슷하다 ● 비스타다    ● 불편하다 ● 불펴나다    ● 발키다 ● 밝히다

비 | 슷 | 하 | 다   비 | 슷 | 하 | 다

불 | 편 | 하 | 다   밝 | 히 | 다   밝 | 히 | 다

⭐ 문장을 소리 내어 읽고 주어진 단어를 따라 써 봅시다.

기웃거리다 ➡	밖에서 기웃거리지 [기욷꺼리지] 말고 들어와.
뽑히다 ➡	뿌리째 뽑힌 [뽀핀] 나무가 보였다.
실례하다 ➡	실례합니다 [실례함니다]. 사장님 계세요?
옳다 ➡	옳은 [오른] 일을 하면 복을 받을 거야.

| 기 | 웃 | 거 | 리 | 지 |

| 뽑 | 힌 |

| 뽑 | 힌 |

| 실 | 례 | 합 | 니 | 다 |

| 옳 | 은 |

| 옳 | 은 |

✏ 아래 문장을 따라 써 보고, 오늘 배운 단어를 사용해 글짓기 연습을 해봅시다.

의자가 고장나서 불편했다. 저녁에 아빠가 바로 고쳐주셨다. 너무 좋아서 안아 드렸다.

복습해봅시다!

⭐ 소리 나는 대로 쓴 곳을 올바르게 고쳐 쓰세요.

다처도 울지 않습니다.

껍질을 잘 버꺼야 합니다.

오후에는 자전거를 탈 꺼야.

뜨거울 때는 후후 불면서 시켜 먹어야 합니다.

⭐ 보기처럼 빈 칸을 채우세요.

보기			
튼튼하다	튼튼하면	튼튼해서	튼튼할 거예요

칠하다			
칭찬하다			
가난하다			
뒤척이다			

⭐ 아래에서 맞는 단어를 찾아 모두 동그라미 치세요.

빨개졌다	깨끄탰다	심시맸다	놓았다
뻗었다	넣었다	잃어버렸다	벗었다
알마잤다	닳았다	앓아들었다	씌웠다

⭐ 그림을 올바르게 표현한 단어를 찾아 연결하세요.

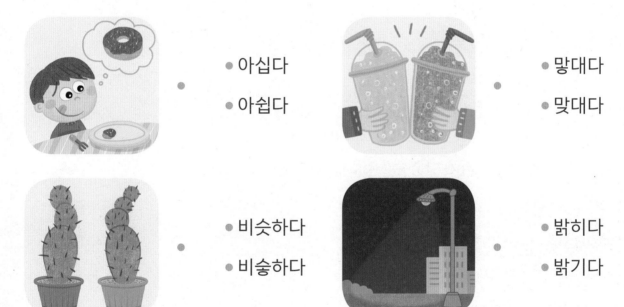

• 아십다
• 아쉽다

• 맣대다
• 맞대다

• 비슷하다
• 비숫하다

• 밝히다
• 밝기다

⭐ 아래에서 맞는 단어를 찾아 모두 동그라미 치세요.

노피	더드미	(걸음)	거부기
(나들이)	(물음표)	아라보다	(음악)
(발음)	머기	떠러뜨리다	(손잡이)

⭐ 아래의 소리를 올바른 표기로 고쳐 쓰세요.

아거 ➡ **악어**

어름 ➡ **얼음**

공노리 ➡ **공놀이**

드러오다 ➡ **들어오다**

⭐ 아래 문장을 읽고 [보기]와 같이 틀린 곳에 밑줄을 긋고 바르게 고쳐 쓰세요.

저는 <u>구거</u> 공부를 가장 좋아해요. **국어**

동해에서는 <u>무너가</u> 많이 잡힙니다. **문어가**

오랜만에 <u>모교글</u> 했다. **목욕을**

<u>조름운전을</u> 하면 사고가 납니다. **졸음운전을**

⭐ 보기에서 알맞은 단어를 찾아 빈칸에 쓰세요.

연어는 바다에서 살다가 강으로 돌아옵니다.

지우개 똥을 일부러 만들 **필요**는 없어요!

집안일은 온 가족이 함께해야 해요.

연필은 쓸수록 **길이**가 줄어듭니다.

〈06~10일 차〉 복습해봅시다!

P. 36~37

★ 아래에서 맞는 단어를 찾아 모두 동그라미 치세요.

움지기다	소기다	(석유)	(건어물)
노금기	기우리다	(넘어뜨리다)	도길
(맛있다)	(받아쓰기)	(달이다)	여러시

★ 아래의 소리를 올바른 표기로 고쳐 쓰세요.

책꼬지 ➡ **책꽂이**

이료일 ➡ **일요일**

소김수 ➡ **속임수**

들써기다 ➡ **들썩이다**

★ 아래 문장을 읽고 [보기]와 같이 틀린 곳에 밑줄을 긋고 바르게 고쳐 쓰세요.

<u>손톱까끼</u>가 어디에 있는데?　　　　　　　　　　　　**손톱깎이**

정말 <u>어구라다</u>. 엄마는 늘 동생 편만 든다.　　　　　**억울하다**

엄마는 웃으며 이모를 <u>마지했어요</u>.　　　　　　　　**맞이했어요**

잘 <u>서끼도록</u> 열심히 흔들어 주세요.　　　　　　　**섞이도록**

★ 보기에서 알맞은 단어를 찾아 빈칸에 쓰세요.

할아버지께서 자전거를 고쳐 주셨다.

우리집은 수요일마다 **재활용품**을 버린다.

미터, 그램, 자루 같은 것을 **단위**라고 한다.

친구를 **쫓아가다** 모르는 사람과 부딪쳤다.

〈11~15일 차〉 복습해봅시다!

⭐ 보기에서 알맞은 표현을 찾아 문장을 완성하세요.

영은아, **가을에** 만나자

상인은 **가죽으로** 만든 주머니를 팔고 있다.

그 **물건은** 제 것이 아닙니다.

우리 **가족의** 소원입니다.

⭐ 소리나는 대로 쓴 표현을 보기와 같이 바르게 고쳐 쓰세요.

꾸메   ⇒   **꿈 + 에**

풀바틀   ⇒   **풀밭 + 을**

여르미지만 ⇒   **여름 + 이지만**

무어슬   ⇒   **무엇 + 을**

⭐ 보기에서 어울리는 단어와 조사를 하나씩 찾아 문장을 완성하세요.

주말에는 **공원에** 사람들이 많이 모였다.

동물원에 갔을 때 **기린에게** 먹이를 준 적이 있다.

그 선수가 얼마나 열심히 했는지 **곁에서** 지켜본 사람은 다 안다.

겨울이라서 낮이 짧고 밤이 길다.

⭐ 바르게 쓴 곳에 동그라미를 치세요.

할머니가 주신 (돈으로) / 도느로) 무엇을 살까?

숙제를 하려고 (공책을) / 공채글) 펼쳤다.

(몸은) / 모믄) 피곤했지만 기분은 좋았다.

밭에는 (마느리 / 마늘이) 잘 자라고 있습니다.

〈16~20일 차〉 복습해봅시다!

P. 62~63

⭐ 보기에서 알맞은 표현을 찾아 문장을 완성하세요.

할아버지는 **무릎이** 아프다고 하셨다.

아주 두꺼운 **장갑이므로** 가격이 비쌀 것이다.

풀에 매달려 있는 게 메뚜기 맞지?

칠판에서 하얀 가루가 떨어졌다.

⭐ 소리나는 대로 쓴 표현을 보기와 같이 바르게 고쳐 쓰세요.

지하시레서 ➡ **지하실 + 에서**

주머그로 ➡ **주먹 + 으로**

운저는 ➡ **운전 + 은**

선무리라는 ➡ **선물 + 이라는**

⭐ 보기에서 어울리는 단어와 조사를 하나씩 찾아 문장을 완성하세요.

반짝이는 **별이랑** 포근한 달을 보고 싶다.

서울은 **한국의** 수도입니다.

교실에서는 집중해서 수업을 들어야 합니다.

아이들에게 책을 읽어 주세요.

⭐ 바르게 쓴 곳에 동그라미를 치세요.

그곳은 (거시리면서 / **거실이면서**) 주방이다.

(연피리니까 / **연필이니까**) 지워질 거야.

요즘 미세먼지 (때무네 / **때문에**) 공기가 나쁘다.

참새가 지저귀는 소리는 (**아침이** / 아치미) 오는 소리입니다.

〈21~25일 차〉 복습해봅시다!

P. 76~77

⭐ 그림을 올바르게 표현한 단어를 찾아 연결하세요.

가게   열쇠

형제   술래잡기

⭐ 아래 문장을 읽고 [보기]와 같이 틀린 곳에 밑줄을 긋고 바르게 고쳐 쓰세요.

어머니는 어디에 <u>게시니</u>?   계시니?

수정이는 <u>얘이가</u> 바른 친구예요.   예의가

<u>가운대</u> 있는 게 사슴벌레입니다.   가운데

집에 오다가 <u>돌맹이에</u> 걸려 넘어졌어요.   돌멩이에

⭐ 아래에서 맞는 단어를 찾아 모두 동그라미 치세요.

(세수)	(계산)	새제	채온
(찌개)	얘절	조게	왕간
(민들레꽃)	생할	(동네)	(헤매다)

⭐ 아래에서 맞는 단어를 찾아 색칠하세요. 무슨 글자가 보이나요?

집게	뺄셈	세균	우채국	체조
재채기	세하예지다	왜삼촌	평하	주의하다
헤어지다	메뚜기	어느새	개시판	예순
대돌아보다	줄무늬	널띠기	차레	애완동물
계속	횡단보도	시계	새계	달팽이

(26~30일 차) 복습해봅시다!

P. 88~89

⭐ 그림을 올바르게 표현한 단어를 찾아 연결하세요.

나이테   회의

지우개   괴물

⭐ 아래 문장을 읽고 [보기]와 같이 틀린 곳에 밑줄을 긋고 바르게 고쳐 쓰세요.

하늘에 <u>뭉개구름이</u> 가득한 날이었다.   뭉게구름이

깜짝 놀란 <u>나그내는</u> 호랑이 등에 매달렸습니다.   나그네는

바람에 쓰러진 화분을 <u>새우고</u> 왔어요.   세우고

바닷가에 가면 <u>모레놀이를</u> 할 거예요.   모래놀이를

⭐ 아래에서 맞는 단어를 찾아 모두 동그라미 치세요.

게절	(세배)	왜투	(제목)
예들아	(거의)	(현관)	주사이
엥무새	(문제)	후헤	(계이름)

⭐ 아래에서 맞는 단어를 찾아 색칠하세요. 무슨 글자가 보이나요?

제비	쓰레기	아시워하다	영화	소방간
왜?	겁대기	얘매	제발	어께
소매	지페	댄장	은혜	흰색
틔우다	재자리	당항하다	체험학습	번대기
계란	장화	니우치다	가재	꽃개

⟨31~35일 차⟩ 복습해봅시다!

P. 102~103

⭐ 그림을 보고 올바른 받침을 써 보세요.

무릎	못
씨앗	꽃

⭐ 바르게 쓴 곳에 동그라미를 치세요.

진호는 그림을 그리려고 (붓)/붙)을 잡았다.

(어느덧)/ 어느덛) 저녁 7시가 되었습니다.

주말에는 엄마와 (옷)/ 옫)을 사기로 했어요.

(낟 , (낮)) 놓고 기억자도 모르는 사람입니다.

⭐ 아래에서 맞는 단어를 찾아 모두 동그라미 치세요.

(깃털)	(낮)	팟	(그릇)
갇	낳	(맞다)	(맡다)
얏다	(깊다)	몃	잎술

⭐ 아래 문장을 읽고 [보기]와 같이 틀린 곳에 밑줄을 긋고 바르게 고쳐 쓰세요.

창문을 열자 <u>빗이</u> 환하게 들어왔다.   빛이

동생은 <u>버섣</u> 반찬을 싫어합니다.   버섯

이 지우개는 <u>조그마코</u> 예뻐서 참 좋다.   조그맣고

강아지가 멍멍 <u>짓다가</u> 꼬리를 흔들었다.   짖다가

⭐ 그림을 보고 올바른 받침을 써 보세요.

가마솥   씻다

낮다   낳다

⭐ 바르게 쓴 곳에 동그라미를 치세요.

오늘은 숙제가 (**없어요**/ 업어요).

이 학교는 운동장 (널비 / **넓이**)가 엄청나다.

영희와 민수가 다투는 (**까닭**/ 까닥)을 모르겠다.

아빠는 (**값**/ 갑)을 (깍겠다며 / **깎겠다며**) 아직도 얘기 중이에요.

⭐ 아래에서 맞는 단어를 찾아 모두 동그라미 치세요.

앉다	**많다**	싫다	여덜
싫증	**꺾다**	**넓다**	닥다
젊다	격다	흑	**닭**

⭐ 아래 문장을 읽고 [보기]와 같이 틀린 곳에 밑줄을 긋고 바르게 고쳐 쓰세요.

그래, 이번에는 네 말이 <u>옳다</u>!   옳다!

딱따구리가 나무에 구멍을 <u>뚫고</u> 있어요.   뚫고

아플 때는 모든 것이 <u>귀찮습니다</u>.   귀찮습니다

<u>불게</u> 물든 노을이 예쁘다.   붉게

〈41~45일 차〉 복습해봅시다!

⭐ 소리 나는 대로 쓴 곳을 올바르게 고쳐 쓰세요.

목이 말라서 물을 한 컵 <u>마션다</u>.   **마셨다**

저는 아침을 꼭 먹고 학교에 <u>감니다</u>.   **갑니다**

오랜만에 달리기를 하니 <u>힘드러써요</u>.   **힘들었어요**

다음에는 제가 <u>찰께요</u>.   **찰게요**

⭐ 보기처럼 빈 칸을 채우세요.

만나다 – **만날게요** – **만납시다** – **만나러 갑니다**.

굽다 – **구울게요** – **구웁시다** – **구우러 갑니다**.

듣다 – **들을게요** – **들읍시다** – **들으러 갑니다**.

자다 – **잘게요** – **잡시다** – **자러 갑니다**.

⭐ 아래에서 맞는 단어를 찾아 모두 동그라미 치세요.

괜찮아요	(편안해요)	낯설어요	(부딪혀요)
빈나요	(잊어요)	덥워요	(찾아요)
햇갈려요	(기억해요)	(낡았어요)	옴겨요

⭐ 그림을 올바르게 표현한 단어를 찾아 연결하세요.

삶다   심다

볶다   불다

〈46~50일 차〉 복습해봅시다!

P.140-141

⭐ 소리 나는 대로 쓴 곳을 올바르게 고쳐 쓰세요.

다처도 울지 않습니다.　　　　　　　　　　　　　　　　　　**다쳐도**

껍질을 잘 버껴야 합니다.　　　　　　　　　　　　　　　　**벗겨야**

오후에는 자전거를 탈 꺼야.　　　　　　　　　　　　　　　**탈 거야**

뜨거울 때는 후후 불면서 시켜 먹어야 합니다.　　　　　　**식혀**

⭐ 보기처럼 빈 칸을 채우세요.

칠하다 – **칠하면** – **칠해서** – **칠할 거예요**

칭찬하다 – **칭찬하면** – **칭찬해서** – **칭찬할 거예요**

가난하다 – **가난하면** – **가난해서** – **가난할 거예요**

뒤척이다 – **뒤척이면** – **뒤척여서** – **뒤척일 거예요**

⭐ 아래에서 맞는 단어를 찾아 모두 동그라미 치세요.

빨개졓다	깨끄탰다	심시맸다	(놓았다)
(뻗었다)	(넣었다)	(잃어버렸다)	벗었다
알마잤다	(닳았다)	앓아들었다	(씌웠다)

⭐ 그림을 올바르게 표현한 단어를 찾아 연결하세요.

아쉽다　　　　　　맞대다

비슷하다　　　　　밝히다

작은 꾸준함으로 커다란 실력을 완성하는 서사원주니어

<완주> 시리즈

**초등 맞춤법
50일 완주 따라쓰기
기초 편**

권귀헌 지음 | 152쪽 | 12,800원

**"어휘력·문장력을 키워 맞춤법 기초를 완성하는
50일 완주 따라쓰기!"**

초등학생들이 일상에서 두루 사용하는 단어와 문장을 따라 쓰면서 맞춤법에 자신감을 얻는 것은 물론 글쓰기에도 재미와 흥미를 느낄 수 있습니다!

**초등 맞춤법
50일 완주 따라쓰기
심화 편**

권귀헌 지음 | 168쪽 | 12,800원

**"문해력·독해력을 높여 맞춤법 달인이 되는
50일 완주 따라쓰기!"**

초등학생은 물론 어른들도 자주 헷갈리는 단어나 띄어쓰기를 쓰고 익히면서 성취감을 경험하고 우리말과 우리글을 더 아끼고 사랑하는 계기가 됩니다!

누구나 쓰게 하는 대한민국 글선생 권귀헌 작가의

<글공부> 시리즈

초등 글쓰기 비밀 수업

권귀헌 지음 | 232쪽 | 14,000원

**"전국 학부모와 선생님이 극찬한
최고의 글쓰기 책!"**

글짓기가 아닌 글 놀이로 아이의 창의력을 깨워주세요! 아이의 생각과 감정을 열어주는 글선생의 진짜 글쓰기 비법을 공개합니다!

엄마의 글쓰기

권귀헌 지음 | 288쪽 | 16,000원

**"아내나 엄마가 아닌, 잊고 있던 나를 마주하는
하루 5분, 일상 인문학!"**

끝없이 밀려드는 집안일, 배려보다 상처를 주는 날카로운 언어들에 숨이 막히시나요? 일단 끄적여보세요! 푸석해진 마음에 관심이라는 물길이 샘솟을 거예요. 글을 쓰는 당신의 삶을 응원합니다!